我不是故意的！爸爸媽媽請耐心教我

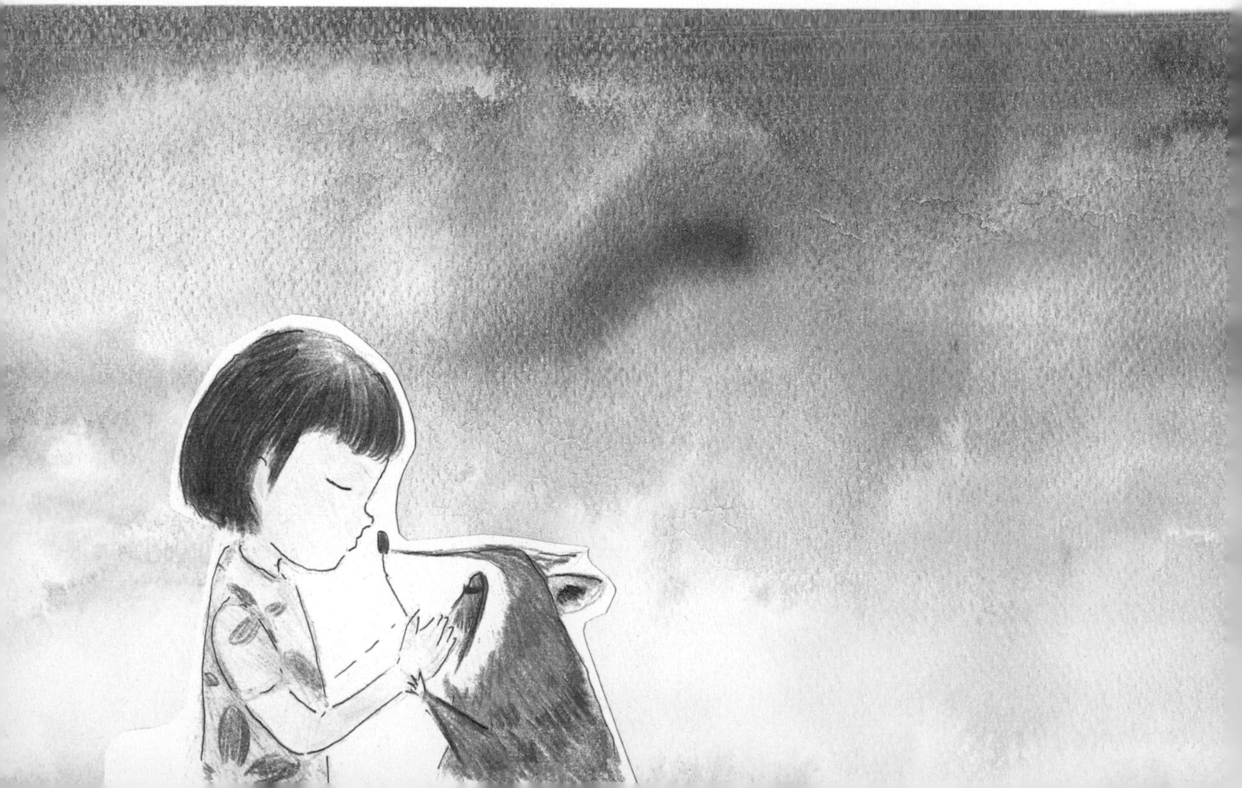

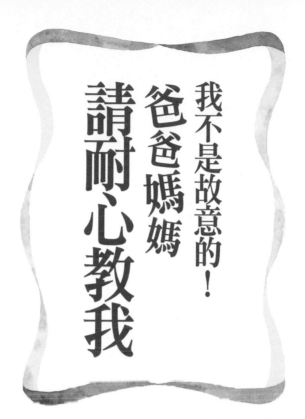

推薦序

一本教我們陪孩子長大的魔法書

台大教授　葉丙成

如果有一天，當你跟孩子一起坐長途火車。突然，你家的小寶貝耐不住煩悶，開始尖銳哭叫要玩你的手機。明明你知道不適合給他玩。但孩子不住的叫鬧、不停的哭吼，許多疲累乘客的不友善眼神，紛紛往這射過來。

這時該怎麼辦？

如果有一天，你發現家裡的小寶貝，每天睡覺都會作惡夢不斷掙扎。究竟是發生了什麼問題？為什麼孩子會開始被夢魘不斷侵擾？孩子年紀那麼小，也說不清楚為什麼會作惡夢。

這時該怎麼辦？

如果有一天，我們發現幼小的孩子在學校出現影響到其他孩子的問題行為。因為孩子的年紀小，所以很難跟他說清楚這些行為的不好，也很難讓年幼的他透過理性去控制自己的問題行為。

這時該怎麼辦？

初識小傑老師，是他在台大附屬幼稚園當老師的時候。我家裡兩個小孩從小都被小傑老師帶過。當時每個幼稚園的孩子都超喜歡小傑老師。不只孩子們超喜歡他，家長們也是！當家長的每次跟小傑老師聊到孩子，甚至常會覺得：「這老師，比我們當爸媽的還懂我們的孩子！」

因為珍惜這樣的緣分，所以當孩子們畢業後，這幾年都持續透過臉書跟小傑老師交流。某天小傑老師告訴我，他正在寫一本親子教養的書籍。當下我便非常的期待！因為小傑老師總是能把那麼年幼的孩子們帶得那麼好，我一直都很好奇，究竟他是用什麼魔法密技，可以作到讓孩子們都服服貼貼的呢？

好不容易週末得閒，迫不及待的打開書稿，一看就被書中敘述的情境、問題、解法，給迷住了。把書看完後，我終於知道小傑老師成為好老師的原因了。他對孩子有無比的愛心，這是他成為好老師的重要關鍵。但只有愛心是無法解決孩子們的所有問題的。小傑老師的教養方法，背後都有他的豐富經驗配合理論作為後盾。這就是為什麼小傑老師總是能有效的推敲出孩子問題行為的成因，進而成功的找出方法來幫孩子減少問題行為的發生。

這本書對於家有年幼孩子的爸媽，或是工作上必須面對幼童的老師們，都是非常有幫助的書。小傑老師很有次第的先從發現孩子生命中的問題談起，接著談如何陪孩子們一起面對各種的情緒問題，最後再談怎麼樣陪孩子成長，怎麼去看待有不同興趣天分的孩子。

這本書最讓我欣賞的一點，是用了許多很實際的案例來幫助了解如何跟孩子相處。像一開始提到的三個讓爸媽們頭痛的問題，都是書中詳細探討的案例。還有許多其他日常會碰到的挑戰，比如說：家中有新的弟弟妹妹要誕生了，爸爸媽媽要如何處理孩子情緒上可能的失落？書中的案例都可以給爸媽、老師們許多受用的建議。

讀完這本書，我心中最大的遺憾是，怎麼我沒在兩個孩子都還年幼的時候看到這本書？我不禁在反思，如果幾年前孩子還很小的時候就能看到這本書，當年教養孩子的方針會不會有所不同？

小傑老師，是真的讓我佩服的幼教老師。讀了他的書，我們將更了解：怎麼跟孩子們相處、怎麼更成熟處理孩子的問題行為、怎麼陪伴孩子快樂成長！

自序

做一件讓世界變得更美麗的事

兒童教育工作者 趙啟傑

從小我就不是那麼的喜歡自己，知道自己還有很多需要學習的地方，對於人際關係中還有很多的不了解，我曾經以一個單純的心靈來面對這個世界，但是自己的缺點卻讓我跌跌撞撞，也因此在人生的每一個階段，我都不斷在思考——我希望的世界到底是什麼樣子。

在大學時，我接觸到阿德勒、藝術治療等知識，我熱衷於這些理論與知識的世界，並且不斷的去嘗試在各個領域中使用，我跟著啟蒙老師——張英熙教授從特教生到醫院病童，從育幼院服務到弱勢兒童，在不同的場域中我都看到「愛」對於人的改變，以及有多少人需要一份真誠的同理與傾聽。而我也有幸能進入到一間充滿愛的幼兒園，在那裡的教導與包容，讓我能夠陪伴著一群孩子們成長，並將我們相處的點點滴滴，匯流成我寫這本書的養分。

因為我有著很多的缺點，因此與孩子相處時，我更能夠看到孩子的需求、孩子背後的感受，還記得我曾經跟一位會口吃也容易掉淚的男孩說：

「以前，我也是這樣的……」我在這位孩子成長的過程中，看到過往那個努力改變的自己，我也希望自己能夠陪伴孩子們面對人生中的大小窟窿，當有一天他們走在不平坦的人生道路時，也能夠回想起曾有一位老師與他們相同，即使到現在也不斷在努力著。

我知道人都不完美，而我希望人與人之間能夠有更多的愛。

對於這本書，我希望它能夠讓閱讀的你感覺到一份單純的「愛」，那是愛孩子、愛眾人以及愛世界的感覺，它也許能夠讓你更了解你的孩子，或者是成為你與孩子相處的潤滑劑，也有可能會在你心中形成一份感動，而這樣的心情可以讓周圍的人都得到力量。

謝謝你閱讀這本書，也許你跟我一樣，花了很長一段時間跟自己自處，看到自己的缺點，也努力接納自己的不完美，更想要讓自己能夠再多做一點點，或許我們仍然會跌跌撞撞，因為在人生的旅程中我們還有很多需要學習的功課，那就一起「做一件讓世界變得更美麗的事」，以鼓勵、傾聽與愛，讓這個世界變得更好一些吧！

Content

推薦序　一本教我們陪孩子長大的魔法書　02
自序　做一件讓世界變得更美麗的事　06

Part 1

發現孩子生命中的問題

被問題困擾的孩子

透過教養相關的知能了解孩子　16
是「問題」影響了孩子，而非孩子有問題！　18
找出問題的所在！　20

讓我們一起把「問題」給帶走

孩子遇到的問題，可以這樣解決　24
將「問題」與「兒童」分開　25
找出「問題」的來源　28
孩子身上常見的狀況　29

學習愛，學習了解

愛的力量　40
給孩子需要且適合的愛　42

Part 2

陪伴孩子面對 情緒問題

傾聽與同理

聽，孩子內心的聲音 48

以鼓勵成就愛

鼓勵與讚美 60

愛與設限

什麼是設限呢？ 76

如何設立界限呢？ 80

被夢魔侵擾的孩子

孩子的夢境 90

成為支持孩子的力量所在 96

擁有好動特質的聰明孩子

他／她，其實不壞 104

因材施教，才能天生我材必有用 109

Part 3 和孩子一同成長

家有害羞小麻雀

別強迫孩子，就連大人也會沉默、害羞 132

等待，是幫助孩子成長的重要一環 134

家有暴怒噴火龍

先了解孩子生氣的原因，才能真正幫助他 143

當我們了解後可以怎麼做呢？ 150

一同面對人生中的悲傷

孩子的內心在下雨，怎麼辦？ 159

彩繪不安、悲傷、難過，和孩子共同度過 165

在生活中，一同學習以藝術陪伴孩子成長

愛他，就是陪伴且與他一同成長 172

將藝術療癒的過程應用於兒童發展 174

從生活中不同的地方持續學習 188

陪伴孩子學會與家庭的新成員一同成長

媽媽爸爸不愛我了嗎？ 192

為什麼只陪弟弟、妹妹，都不理我？ 197

與科學家和藝術家相遇

我家寶貝是科學家 204

我家寶貝是藝術家 207

正視孩子的獨一無二、與眾不同 209

如何帶領孩子面對分離焦慮

和孩子一起理解，因為分離而難過，這就是愛 219

一同航向未知

小浣熊出航去冒險 227

每一個孩了都是即將出航的小浣熊 232

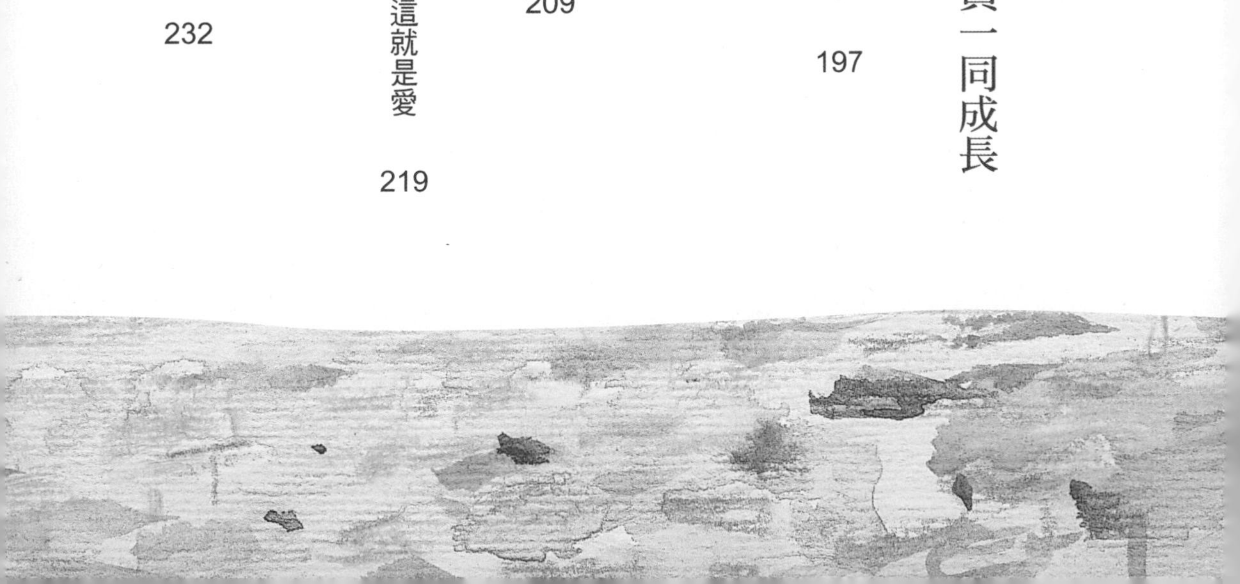

Part 1

發現孩子生命中的問題

我們需要了解孩子各種行為背後的原因，方能對症下藥，尋找到適合協助孩子走出困境的妙方；我們也需檢視自己對待孩子的方式，因為我們給予他的環境氛圍、教養方式、說話語調、待人處事……都直接影響著孩子，在孩子與不同人、事、物相處的過程中，逐漸形成與教養者截然不同的樣貌。

被問題困擾的孩子

不管什麼時候你都會聽我說話嗎？
即使刮風下雨，
即使一場場的大雪，
即使我轉過身去，
即使我沒有那麼勇敢。

會的，
就算是刮風下雨，即使打雷閃電，
即使一場場大雪後又來一場場大雨，
即使你轉過身去，或者是走的有一點點的遙遠，
我都會勇敢的，很努力的聽你說話。
那我就不用大聲、不用吵吵鬧鬧、不用說好多次，
不用一直希望你能夠看著我，
等待你聽我說話了嗎？

你很重要，
所以我會靜靜聽你說，
永遠，聽著你說。

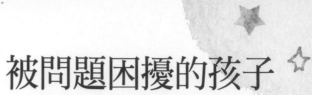

Part 1
發現孩子生命中的問題

透過教養相關的知能了解孩子

不管什麼時候，孩子都需要我們去細細聽他說話，無論是情緒波折，或者是行為上的不恰當，只要我們肯聽孩子說並且一起度過，不將孩子認為是「問題兒童」，而是用「被問題困擾的孩子」來看待他，相信我們跟孩子的關係會大不相同，問題也就不再那樣可怕了。

有段時間，我經常乘坐往返於台北和台東的普悠瑪，在三個多小時的路程上，連大人都有些不耐，更何況是孩子，我想大部分的人都可以體諒家長的無奈，因此也就少苛責有情緒的孩子。但是當我們細細觀察，很多家長更像是早早就放棄了對於教養的責任、機會跟能力，而以車程遙遠作為最好的擋箭牌。

剛上車不久，一對父女坐在我的身後，爸爸跟女兒說要準備搭車回台東找媽媽了，女兒看起來約兩歲多，父女兩人感覺非常親密。但是在普悠瑪緩緩駛離月臺後，女兒的情緒隨著火車轟隆聲逐漸高漲。

「我要玩手機！」女兒以高分貝的尖銳聲音提出要求。

爸爸無奈地看看四周，低聲跟女兒說現在不適合玩手機。

「我要手機，爸爸我要玩手機！」孩子的情緒比剛剛更為高漲，並不斷以尖銳的聲音跟爸爸怒吼。

爸爸看似為難的左顧右盼，在女兒一次次尖銳帶著哭聲的要求後，爸爸妥協了，將手機交給了女兒，列車也隨之恢復平靜，直到後來女兒睡著，爸爸才將手機取回。

這樣的場景在我們生活周遭並不陌生，過往只是拿來通訊的手機，成了很多家長非常好用的教養兼安撫工具，只要將手機或者是平板交給孩子，他就可以馬上安靜、沉浸其中，家長不需大呼小叫，也不需要生氣動怒，只要將手機交給孩子，很快的便會安靜下來，不需管也不需教了。

對於很多家長來說或許非常樂見這樣的情形，一方面可能自己也沉溺於手機的遊戲，一方面也享受著只要將手機交給孩子，馬上就能夠讓孩子安靜下來的方便。但是從上面所經驗的父女對話中，卻可以清楚發現，爸爸與女兒的關係被手機給囚禁了，爸爸不知道如何拒絕孩子的要求，而孩子知道自己可以藉由操弄情緒來達到目標時，她不像大人一般會有所顧忌，反而是讓自己的情緒恣意宣洩，以達到想要的目的。

因此，為什麼我們需要提升教養相關的知能呢？因為家庭會受到很多內在、外在的因素僵固成難以改變的現狀，每一個家庭的角色都扮演著一個齒輪，彼此互相依存，彼此互相轉動著，但是當家庭碰到困難時，就好像是不順的機械，每個齒輪有時會咬不到角，有些時候會卡卡的，甚至整個生鏽、卡死。

在諮商領域的現實治療學派中認為，人們之所以會困在現有的情形中，這是來自於我們不知道改變之後會發生什麼事，或是不知道要花費多少力氣改變，甚至也不知道改變之後會不會比較好，因此困在現有狀況裡，像是在泥淖中不可自拔。而教養相關的知能，就好像是生鏽機械的潤滑油，幫助我們試著去掉彼此之間的鏽蝕，用一點方法，讓我們改變眼前的問題，之後新的家庭動力也就因此產生。

我們可以藉此達到什麼改變呢？一方面我們可以了解孩子各種行為背後的原因，當我們知道可能的原因後，我們方能對症下藥，尋找到適合協助孩子走出困境的妙方；另一方面，我們也可以檢視自己與孩子相處的方式，畢竟在孩子呱呱墜地至離開醫院後，大部分的孩子都是在我們給予的情境下成長：包含我們給予他的環境氛圍、教養方式，甚至是使用的語言、說話語調、待人處事的方式等，都直接影響著孩子，直至他進入社會環境後，因為與人事物的摩擦逐漸產生社會化，並且在過程中形成出與教養者截然不同的樣貌。

是「問題」影響了孩子，而非孩子有問題！

一對父母擔心的告訴我：「我覺得我們的女兒不會講話。」當孩子到一、兩歲還不會講話時，很多家長都會感到有些壓力，因此我跟這對父母相約，試著看看孩子在發展上需要幫忙的地方。

我們約在一家餐廳，當父母牽著女兒出現時，我看到她望向我這裡，害羞地躲在媽媽背後，媽媽選擇坐在我跟她的中間以減少她的不安。不一會兒，我聽到媽媽跟女兒有了一些溝通，孩子會點頭、搖頭表達自己的意願。

「啊！我們可以放心一點，她聽得到，而且也知道你們在說些什麼。」後來又聽到孩子發出了一些聲音，感覺舌頭不太靈光，但是依稀可以了解她想要表達的意思。

我好奇地問媽媽：「感覺上孩子會講話啊！只是講得不太標準而已，你們的擔心是什麼呢？」

媽媽說：「可是她講話的內容很奇怪，我們都聽不太懂啊！」

當我再仔細聆聽孩子跟父母的對話後，我發現了可能的有趣原因：「她的主要照顧者應該不是你們吧？平常是請誰幫忙照顧呢？」

媽媽有些驚訝我知道這些事情：「我們是請一位朋友幫我們帶的。」媽媽的答案讓我更加篤定自己內心的想法：「那，對方是不是國語也講得不太標準呢？」

時至此刻方真相大白，所謂父母擔心的孩子不會講話，是他們覺得孩子講話講得不好、不標準，較不擅長發出捲舌音，而非孩子不會說話。當我們細細去追溯原因時，才發現原來問題的根源，是孩子主要照顧者的國語講得並不標準，孩子沉浸在這樣的語言環境中，自然學會了這樣的發音方式，形成了大人眼中的「問題」。

影響孩子不會講話有很多可能的原因，我們要仔細觀察背後的原因，方能知道要如何提供孩子協助，有可能是認知方面發展不足、聽力方面的問題、口腔發展上的問題等，有很多的因素會影響孩子不會說話。

找出問題的所在！

但是，什麼是「問題」呢？

在諮商輔導中有一個流派稱為「敘事治療」，麥克懷特（Michael White）提出了一個我非常喜歡的說法：他認為人通常是被一個「問題」或者是「麻煩」給影響。因此，我們看到的不是一個「問題小孩」，應該是一個被「問題」影響的小孩。

就第一個故事而言，兩歲多的小女孩吵鬧著要玩手機，我們可以推論，平常在家裡應該就有讓孩子玩手機的習慣，玩手機並非絕然不可，但是否有跟孩子作好明確的時間規劃、可以玩的場合、甚至是想要玩時要如何表達呢？從這孩子的反應中可以發現應該沒有，甚至孩子平常在家中如果碰到不如意的事情，可能都習慣用吵鬧的方式來獲得，所以當她在搭火車的時候不能玩手機時，她自然也會以情緒來表達自己的想法。

第二個故事中，家長擔心不會講話的問題，也許就只要幫她換一個保母，或者是讓她去上幼兒園進而學習到正確的發音，那目前所擔心的「問題」也就迎刃而解了。

讓我們一起
把「問題」給帶走

在漆黑的森林裡，小松鼠遇到了小花，
「我可以跟你做朋友嗎？」小松鼠問。
「我只是一棵普普通通的小花，
生在一個不適合的地方，我並不特別。」
「但是今天我認識了你，
你成為了我的朋友之後，你也會與眾不同的。」
小松鼠這樣回答。
「之前也有一隻小老鼠想要擁有我，
但是他希望我一直是他想像的樣子，
他評斷我身體的每一個部分，
他也評論我所說話的每一個對象，
他在我努力張開花瓣時，
告訴我最美麗的話應該要再張大一點，
在我努力面相朝陽時，
告訴我只是白費力氣，
在我努力伸展筋骨時，
跟我說為什麼不再高一點，

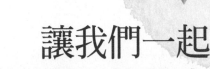

因為旁邊的樹太高了，而我永遠比不上他們。」
「還有像是，
希望你的花可以再大一點，
希望你的香味可以再強烈一點，
我好希望你能夠再開大一點就好了，
他總是要求我，
當我希望達到他的要求時，
我就感到辛苦，
我也感到困難，
即使我想要努力在他面前彰顯我的努力，
在我心中都還是好遙遠好遙遠。」
「最後，好險有力氣跟他說再見。」
小松鼠能夠懂得怎麼愛花嗎？
在漆黑的森林裡，
要求、期望只會讓陽光更照不進昏暗的空間。
「我會努力的，謝謝你告訴我。」
小松鼠，溫柔而緩慢的說著。

孩子遇到的問題，可以這樣解決

看到一位孩子表現出我們眼中的「問題行為」時，我們腦海中想到的是「問題小孩」，或者是「被問題所困住的孩子」呢？

我想起過去曾與一位自閉症孩子相處的經驗，因為孩子在午睡時間經常會發出聲音，甚至是尖叫，對於班級的午休時間而言，會造成很大的干擾，因此我嘗試引導他以繪畫的方式，讓他把碰到的「問題」具體的呈現出來。

孩子畫的「吵人東西」。

孩子說：「我這次畫的是會讓我吵大家睡午覺的東西。」孩子開始不斷的繪畫，當他把數字寫完之後，他告訴我他畫好了。

我和他說：「現在我們把會吵人的東西關起來，讓他不會吵你，我們一起把這張紙摺起來吧！」

孩子把紙摺了起來，並且在外面畫了一個鎖和一把鑰匙，說他把吵人的東西鎖起來了。

我讓他做選擇，看他是要把這張被鎖起來的吵人東西放在我這裡，還是請其他小朋友幫他保管，孩子毫不考慮的選擇了請其他小朋友幫他保管，於是我們請睡在他旁邊的小朋友幫忙把這張紙壓在睡袋底下，然後我再帶他回到睡袋躺好。

經過這樣的經歷後，孩子只有一次爬起來要看這張畫，而沒有再尖叫（並且持續到之後的午睡時間），雖然也有跑去玩旁邊的東西，但是時間都不長，對班級的影響也就大大降低了！

將「問題」與「兒童」分開

以扮演的方式，讓孩子把腦海中抽象的吵人聲音給具體化，甚至可以去控制它，這讓孩子在過程當中很投入，並且更能遵守自己所訂下的約定。對孩子來說，這不是單純的限制，而是能夠把現有的問題具體化，並且能夠跟大人站在一起，一同學習改變的過程。在麥克懷特的書中，也有處理孩子的排便與過動等問題的個案記錄，非常精采也有很好的治療結果，很值得家長們閱讀與參考。

「如果情緒是怪獸，你會幫他取什麼名字呢？」

孩子把他的「情緒」命名為「波波」：

「因為波波讓我不想要待在教室裡！」

「因為波波告訴我要生爸爸媽媽的氣！」

「因為波波讓我想要生妹妹的氣！」

「但是，波波影響了你好多生活上的事情，今天是你要來上學而不是波波要來上學，所以上學的時間我們要告訴波波要待在家裡不能出來，好嗎？如果你看到他跟過來了，你要讓自己不能聽他的話，趕快進教室，好嗎？」

孩子點頭答應，接下來好幾天孩子都跟我說著他已經不帶波波來上學了，今天他拿著一條軟墊的邊條找我，跟我說這就是他的波波。

「那我們下禮拜一起跟他說再見，好嗎？」孩子點點頭。

從上面我與孩子的對話中可以發現，我們將原本孩子會被提醒的「問題」具象化成為波波，孩子可以試著跟波波說再見，然後一步步地改變現有的問題。因此，面對需要處理的行為時，應進行將其「行為與他的人分開」的方式作處理。

在此輔導方式下，把影響孩子的「問題」與他自己本身分開，並陪同孩子將問題命名後，與孩子共同尋找生活中沒有被問題影響的經驗，並探討當下他所處理方法，以及當他表現的與過往不同時，別人給他的回應，讓孩子逐步解決他所面對的問題，成為自己問題的主人。

因此在對待孩子上，從原本認定的「問題」製造者，轉變成與孩子站在同一個陣線，將問題與孩子作一個區別，讓「問題」能藉由口語形成外化，同時也與孩子訂定共同的目標，以協助他有明確目標進行改變。我們大人自然就成為孩子成長中的陪伴者，藉由我們的經驗和較為熟練的語言，可以幫助孩子去看到他們所未知的「問題」，並且一步步引領他們走向更為美好的大道。

找出「問題」的來源

但是當我們在思考所謂的「問題」時，同樣也要思考這個「問題」到底是不是來自於孩子身上呢？經常聽到一些例子，孩子總是在努力做著大人希望他做到的樣子，但是每當他做到後，大人總是會找出他做不好的地方，或者是在言語當中有很多的要求，就好像開頭那張畫所說的，孩子怎麼做都不對，孩子怎麼做都不夠，他就像是不斷的在努力、不斷的在尋求大人的認可與愛，但卻總是感受到無助、感受到沒有被認同，感受到自己的不足。

這在一般的家庭當中並不陌生，像是：

「那個誰的孩子都是考全班前三名，又都是讀前三志願的，為什麼你辦不到？」

「每次要你注意小心，為什麼你總是粗心大意，你原本可以拿到一百分的。」

「你拿到第一名之後也要繼續保持啊！為什麼上次第一名，這次只有第三名。」

更甚者，會用愛與不愛作為要脅，希望孩子能夠做到大人心中的模樣：

「你要考出好成績，才會是爸爸媽媽的好孩子。」

也許我們說的話不見得真的是這個意思，但是與孩子的生活卻再再重演著這樣的模式，這在開始進入義務教育後經常發生，那對於正處於孩子時期的小朋友呢？我們是不是能夠讓孩子免於面對這樣的問題，如果我們總是把自己的要求與壓力放在孩子身上，那我們就看不到真正的他，而他就只會是我們希望的縮影而已。

也許我們身上也背負著同樣的傷痕，進而成為我們教養方式的其中一環，我們都是在成長之後，才懂得處理過去曾經歷過的經驗，然後嘗試著變得更好。也因此，我們看到問題後，就不再只是要求小花的小老鼠，當我們理解後，也會感謝孩子讓我們更學會如何去愛。

孩子身上常見的狀況

阿德勒認為，人們都會尋找一個對於社會的歸屬感，這會激發個人盡其所能，發揮自己所長去為社會大眾付出，這稱為「社會興趣」或「社會情懷」。我們從一出生便會努力尋找自己在社會中的定位，如果這樣的感覺是正向的，就是所謂符合社會對於他的期望，自然就會出現正確的行為；但是如果這是負面的，或者是落入了負面的循環時，人則會處處碰壁，需要別人的協助。

但是值得慶幸的是，不管是阿德勒學派，或者像是現實治療學派等很多心理治療學派，都認為個體有自我決定的力量。例如現實治療學派的葛拉瑟（Glasser）在其著作

《是你決定了憂鬱》裡面就有提及，人們常常以為很多事情都是被迫、身不由己的，但書中卻利用案例告訴我們，其實在身不由己的事件中，仍有許多小細節是我們可以決定的，而這些被我們忽略的小細節，往往是造成我們身不由己的原因。我們每個人都擁有改變的能量，只要有了足夠的支持，每個人都可以改變現有的「問題」，進而往更好的方向邁進。

那錯誤目標在哪些地方可以見得呢？

以一個常見的例子來說明：當家裡出現新生兒時，我們會發現家裡原有的孩子會有一些改變。原本上學不哭的孩子開始哭鬧希望陪伴、開始咬手指、常常做和我們唱反調的事情、偷偷欺負新生兒，甚至是不斷的犯錯被罵，卻怎樣都不改變。當大人因為處理新生兒而焦頭爛額時，就會開始想孩子為什麼不能夠「貼心」、「體貼」、「為大人想一想呢？」因為此時我們自身的狀態改變了，同時孩子也看到原本自己習慣的世界有了變化，因此使用不同的方式，也就是我們所謂的錯誤目標，來面對眼前的改變。

當孩子出現錯誤目標行為時會是什麼樣子，而我們又該如何做進一步的處理呢？

獲取注意的孩子

獲取注意的孩子，很多時候的表現並不見得像是有問題的樣子。曾經有一位老師和我分享，班上有一個小女孩，總是能把老師交代的事情都完成，但是每當她完成一部分時，就會馬上跑到老師前面跟老師說她完成了，或者是老師在鼓勵其他孩子時，她也會立刻跑到老師面前跟老師說她也有做到。像這樣要大人一直關注她表現的行為，便是一種獲取注意的錯誤目標，也許有人會問這樣的行為目標有什麼不好？孩子不是把自己的事情都完成了嗎？

但是當我們一而再、再而三的感覺到孩子不斷要我們看到他時，即便不甚忙碌，也會感到壓力和厭煩，進而對於孩子產生負面的情緒。在這樣的循環下，孩子無法從行動中得到可以滿足他這樣行為的原因、獲取他想要得到的位置，甚至也無法藉此滿足他需要得到的自信心，原本以正向行為來獲取關注的方式可能就會慢慢轉換，開始用各種方式來得到注意，有些時候甚至由正面轉為負面，讓我們措手不及。

對於獲取注意的孩子，首先我們要先認清，孩子有哪些行為是要獲取注意，要知道孩子獲取注意的行為並不都是包裹著負面的外衣，有些時候就像是開頭舉例的這位孩子，她是以非常多正向的行為希望引起我們的注意。我們可以試著跟孩子討論，他是不是希望我們多看到他、多陪伴他，或者他是不是沒有感受到他的行為備受重視？接下來我們可以跟孩子訂約定，或是只要抱著他跟他說：「就算你沒有這樣做，我仍然愛著你。」、「即使你沒有做得那麼好，我也依然愛著你。」、「我感受到你希望我在乎你，辛苦了。」就只是這最初步的一步，也是改變孩子行為的契機。

爭取權力的孩子

如同本書一開始提及的故事，孩子在往台東奔馳的普悠瑪上面大哭大鬧，要求爸爸給她手機，在車廂內，爸爸比自己年幼的小孩看起來更為無助，最後只能臣服於眼前的現況，將手機交給孩子以解決當下的窘境。

事實上，孩子比我們想像的更容易也更擅長使用爭取權力的方法，像是在量販店吵著要買玩具或糖果，或是在餐廳裡吵著要吃自己喜歡的東西。是否有發現，這樣的情境往往難堪的都會是大人，孩子或許不在意別人怎麼看待自己吵鬧的行為，但是大人卻要面對旁人的眼光、冷言冷語或者是親戚朋友的關心、妥協。這種情形同樣也會出現在家裡有長輩的孩子，他們或許在平常時間都知道如何依循著一定的脈絡，但是只要長輩在場的時候，孩子就會表現得像是要跟我們抗爭一樣，最後落入婆媳之間的教養衝突，讓問題像是滾雪球一樣越滾越大。

發生爭取權力的事情時，首先我們大人要讓自己保持冷靜，而這也是我認為在處理問題時，大人必須在自己的負面情緒超過百分之七十以上時，就要開始處理。不論你是要把自己的情緒壓下來，或者是以百分之三十的理性狀態去假裝表現出自己有更高的理智，最重要的便是我們不能夠因此讓情緒蓋過理智，因為憤怒的情緒交鋒往往會造成更大的衝突與危險，彼此之間的裂痕跟傷口也會因此逐漸擴大。我們不予孩子回擊，相反的，我們要堅定立場，以堅定與友善的口吻跟孩子對談，給強硬的情緒一個溫暖的擁抱。

因此在處理這樣的行為時，先釐清孩子行為與背後的目的就很重要，我們可以從平常就和孩子立下約定，尤其像是出門後的約定。之後如果真正發生衝突的時候，可以溫柔的跟孩子說明我們的約定，甚至我們可以先給他可能有的退路，但是不管是哪一條路，事實上都是在我們的規畫內，並沒有背離我們的目標，因此現有的規則就不會一直被挑戰。

我們也可以不用因為擔心而對孩子示弱，或許他認為自己在外面吵鬧我們拿他沒有辦法，但是當我們因丟臉而覺得不舒服時，就坦然地告訴孩子你心裡的這份感覺吧！即便我們不會改變立場，但是仍然要告訴他我們當下的感受，因為我們就像是他的鏡子，我們的模樣反映出他情緒的模樣。

最後，即使是在吵鬧中的孩子，我們還是可以抱抱他，在他耳邊溫柔地跟他說：「雖然你因為好想要我買玩具而生氣，用很大的聲音跟我說話，但是我要告訴你，我仍然非常愛你。」

尋求報復的孩子

當我們無法讓他感受到被注意，也無法順從他的意、滿足他的需求時，孩子原本希望被關注滿足的心就轉變成了報復，此時他們不再希望自己能夠得到眼前的一切，相反的是帶著不信任與憤怒，對他而言眼前的和平不再那麼重要了，他要挑戰眼前的權威，這時讓他感受到需要報復的對象，就比較難去轉變彼此之間的關係。這像不像是青春期的孩子？是否像是羽翼未豐的我們，因為對於大人世界的不滿而產生的衝撞與抗議呢？

對於眼前的孩子來說，尋求報復就像是如此，像是要控訴自己的不被重視，也像是在控訴著自己感受到的不公平，就像是小小的唐吉軻德，在盲目對抗著眼前的大風車。對於這樣的孩子，我們能夠做些什麼呢？首先，如果在衝突當下，而衝突的當事人就是你，那請你先把這份緩衝工作交給自己的伴侶，甚至是孩子的手足，衝突對抗衝突，報復對抗鎮壓，往往只會是下一場大爆炸的引爆點，這時可能連手足都比我們更了解如何安撫眼前的他。

如果是媽媽正在面對一位尋求報復的小男孩，那把他先暫時交給爸爸也許會是一個不錯的決定，這不是因為我們選擇放棄管教或者是示弱，而是我們先給予彼此冷靜的準備空間。衝突就像是劍，彼此砍殺而聽不進去該聽的話語。作為和事佬與中間人，可以給憤怒一個擁抱，可以給尋求報復的行為一個擁抱，我們可以讓他知道，他的行為帶給別人的感覺，他的行為給人造成的傷害。我們不要害怕告訴他，因為他必須要了解，自己的語言跟行為本身就是一種武器，就算他知道，也仍然需要我們提醒。我們可以在行為過後跟他討論，但是在行為的當下，我們也許需要一個緩衝，一個給予他的擁抱，然後告訴他：

「辛苦了，我感覺到你也不好受，擁有這麼多的不高興真的讓人覺得很辛苦。對不起，我也在尋找幫助你的方法，但是我要告訴你，就算我們有衝突，我仍然非常愛你。」

無能化或自暴自棄的孩子

哀莫大於心死就是這樣的感覺，孩子感到挫折、無助或者是不知道自己的定位，但是他沒有辦法改變現狀，每天都讓他感受到不被關注，他也越來越不愛自己，甚至覺得自己可能永遠達不到心中的理想。也許永遠跟不上周圍的人、也對於自己的失敗感覺到壓力，或者是在心中覺得自己一定會失敗——在自己心中，自己真的是糟透了。

我們很少看到孩子如此的悲觀難過，但是如果家長無止境的要求、孩子周圍充滿競爭，或者他開始接觸到學習與考試，甚至是，孩子部分的能力超過同儕，但是卻發現自己一直眼高手低，因為自身的能力可能根本跟不上自己跳躍的腦袋。

也有可能是，當他眼前的三種行為都出現後，他仍然無法改變自己不舒服的現狀時，無能化或自暴自棄就成為逐漸轉變的後果了。這個時候，我們可以陪伴著他完成一些事情，可以告訴他我們會在旁邊協助他一起完成，我們也會幫他安排成功的經驗，更重要的是，我們要不斷的讓他知道，他的努力我們都有看到，而我們不論他的表現好與壞：「我們都深深的愛著你。」

總歸以上四個錯誤目標行為，想要擺脫泥淖的方法並非跳進去與其對抗，硬碰硬的方式不會得到改變，以柔軟溫暖的愛填滿彼此的關係，才是尋找與改變「問題」最重要的一步。

愛，會是我們面對問題與改變問題最重要的核心價值，無條件的愛讓孩子們得以有力量改變。

學習愛，學習了解

經過了超過三百六十個以上的太陽升起，
在一場突如其來的暴風雨過後，
白海豚在白天和夜晚交會的晚霞餘暉當中
靜靜睡去。

他想起了每一份親密的擁抱、每一句親密的話語、
每一個愛的禮物、每一段肯定的話、每一次充滿愛的服務，
即使過了這麼久，
在小小的星球當中跌跌撞撞，
一下子眼前出現張口要被吃掉的危險，
一下子出現嚇人的驚濤駭浪，
但是放在心中的愛一直都讓他充滿力量，
被裝滿的愛箱即使離開再遠都能夠給予力量，
所以，
閉起眼睛，也感覺到滿滿的安穩。

即使在小小的星球上，
要做每一段的旅行都不容易，
大雨過後的天空特別的清澈平靜，
當星星照亮著夜空時，
也照亮著他的內心，
一點一點、一片一片。

愛的力量

當我在學習如何去愛的時候，求學時期的老師推薦我們閱讀一本影響我深遠的書，這本書是蓋瑞・巧門（Gary Chapman）的《The five love languages of children》，台灣是由中主出版社於二〇〇〇年出版，名為《兒童愛之語——打開親子愛的頻道》，吳瑞誠（譯）。內容提及每一個人都有天生的愛箱，當愛注滿愛箱，我們會得到滿滿的力量，那來自於有充足的愛在我們的心裡，也因此當我們碰到困難時，愛箱就如同是能量的來源，也像是我們的防衛力量，讓我們不被困難打倒。試想一下，當我們感覺到足夠的愛在心裡時，當我們知道辛苦背後有愛與支持時，就會擁有力量去面對困難，反之，內心失去愛作為力量的我們，可能會感到煩躁、怯懦、失去勇氣。

把人的一生拉長來看，很多研究者都認為在孩子時期是我們人格發展的重要時間，像是精神分析學派的佛洛伊德（Freud）便認為人們之後發生的精神問題，很多是來自於早年經驗。而像是艾瑞克森（Erikson）將人的發展分為了八個階段，他們又分別有需要的處遇方式，左頁圖表中我們擷取0至12歲發展階段所呈現的狀況，由此我們知道在孩子成長的路上，大人給予的愛一直都很重要，尤其是從出生開始被對待的方式，便會影響到孩子之後與教養者建立關係的方式，這稱為依附關係。

孩子與大人的依附關係共分為四種：分別是安全型、逃避型、焦慮型、矛盾

艾瑞克森的人類發展階段與處遇方式

階段	任務	處遇方式
出生到至1歲半	信任VS不信任	當孩子的需求得到回應，且有著溫柔親切、態度一致的照顧者，已讓他能夠建立起對於人的基本信任，反之則會對於大人感覺不信任。
1歲半至3歲	自主VS羞愧懷疑	孩子能夠自己嘗試完成事情，達到能夠自己做主的感覺，但是如果大人過於限制與處罰時，孩子會發展出羞愧懷疑之感。
3至6歲	積極進取VS罪惡感	當孩子在足夠有能力後，他們開始嘗試著自己做決定，自己做安排，這個時候大人要賦予他們能力，並且給予他們規劃的權利。這個時候也要以愛作為管教的依循，並且讓他從事情的自然後果中學習，如此一來方能培養出積極進取。反之，如果凡事都被限制與超過其能力的期望，則會產生罪惡感。
6至12歲	勤勉VS自卑	當孩子持續在愛、關懷與鼓勵的環境中成長，他們會繼續產生出勤勉的特質。但是如果是被負面的方式對待時，則是會產生自卑的特質。

型，在研究者的實驗中，他讓孩子與媽媽分開，去看看孩子在媽媽離開後的反應，以及孩子在媽媽回來後的反應。雖然這不單單源自於家庭的教養方式，也受到孩子本身氣質的影響，但是設想一下，如果今天孩子從小到大都沒有辦法真正感受到被愛時，他所產生的不信任、羞愧懷疑、自卑等特質是多麼的讓人心疼啊！

給孩子需要且適合的愛

學者馬斯洛（Maslow）將一個人的需求分為五個層次，每一個層次滿足之後便會往下一個階段邁進，其中最簡單的需求便是生理的需求，包含吃飽、穿暖、有家可以住等最基本的生存需求，當這些都滿足之後，人們會開始去追尋安全感、愛與隸屬、自尊，最後則是達到自我實現。自我實現的意義便像有些人退休後會去擔任志工助人等，去完成一個自己心目中的美好模樣，而這樣的發展階段中，我們也可以發現「愛」同樣是人格發展中非常重要的一個元素，也因此填滿每一個人的愛箱就變

馬斯洛的需求階層表

得格外重要了。

但是要如何填滿我們或者是孩子的愛箱呢？蓋瑞・巧門認為每一個人都有自己的愛之語，那是他最容易感覺到愛，或者是填補愛箱的方式，一共分為五種：

◎肯定的言語：像是對於別人所做的事情給予肯定，真心感謝與讚賞孩子所做的事情，或者是對孩子的現狀表現出認同。即便是最簡單的言語肯定，對於一些孩子來說即是充滿他愛箱最大的力量，往往一句話就讓他努力不懈，因為每一字一句都代表著他被看重，每一字一句都代表他的所作所為被看見。但是，我們也要注意是要真誠、發自內心的去面對孩子說出肯定的言語，而非只是淪於流水帳的口語。設身處地的想想，我們希望別人如何肯定我們，那就試著將它運用在孩子身上，如果是連我們自己都不喜歡的感覺，那就不要出現在孩子身上。

◎身體的接觸：像是擁抱、親吻，或者也許只是摸摸頭，那一種發自內心的肯定跟鼓勵，從肢體上散發的便會是滿滿的愛。有些孩子會經常需求擁抱，或者是當我們抱著他的時候他就感覺到心滿意足，安穩的在我們的懷裡睡著，那這位孩子的愛語可能就是身體的接觸。

◎服務的行動：像是幫孩子準備一份美味的校外教學便當、睡前一本好聽的繪本，或是每天幫孩子洗澡的時間。當孩子在這些時間覺得特別安穩、溫和，或他們特別希望我們協助他一些事情時，這代表他們的愛語可能是服務的行動這一方面。

◎精心的時刻：如前面所述，睡前一本好聽的繪本，你也許會發現孩子可能不想要聽那本繪本，他想要的是這個獨占你的時刻——可以仔細聆聽你所說的話，在你身邊聆聽你的呼吸心跳。我發現現在越來越多家裡有兩位以上孩子的家長懂得這個道理，他們不再像是過去的家長一視同仁，而是願意給每一位孩子個別的時間，創造出屬於彼此的精心時刻，也許只是一起做一件微不足道的小事情，像是陪孩子完成一份工作、找孩子一起完成今天晚餐的備料，或者是兩人上街買東西，重要的是當下彼此情感和語言是流通的，如果孩子很喜歡這樣的時間，那可能代表孩子的愛語是精心時刻。

◎贈送禮物：我想爸爸媽媽們並不陌生，送禮物經常是我們表達愛孩子的方式，送給孩子喜歡的恐龍玩偶、送給孩子喜歡的公主娃娃、送給孩子整套的賽車玩具、送給孩子整組的扮家家酒玩具。對於很多家庭來說，忙碌的生活讓贈送禮物成為他們唯一可以表達愛的方式，但是如果我們只是從物質的、購買的方式來贈送禮物，那我們可能只會養成孩子越來越以物質為主的生活方式，贈送禮物應該可以是我們精心為孩子挑選的一個髮夾、為孩子親手縫製的包包、為孩子準備的健康餅乾……試想：如果是我們自己收到禮物，是花費大筆金錢購買的昂貴禮物，或者是用心做的卡片與手作，哪一種會讓感動在我們心中久久無法消散呢？我想當然會是後者了，而一份禮物也應該如此。

當我們知道了五個愛語，我們也應該要知道，每一個人不會只有一種感受到愛的方式，他可能五種都有，但是每一種得到愛的效果並不相同。也許這位孩子對於收到禮物所得到的愛較低，但是他對於精心時刻感受到的愛較高，這時大人也許會懷疑，為什麼孩子總是吵著要我抱他、陪他，而我出差買回來的高級玩具他卻碰了幾次之後就束之高閣，這時說不定還會抱怨孩子怎麼這麼浪費，甚至不懂得感恩，但是事實就是我們不懂他獲得愛的方式罷了！

關於愛，還有很多事情值得我們繼續學習，就讓我們一起努力吧！

傾聽與同理

每天，
我們都在尋找願意傾聽的聲音，
是溫柔而且充滿愛的聲音，
是等待而且包容不勇敢的聲音，
是可以一起看著美麗天空的聲音，
是願意一起慢慢躲雨的聲音，
是能夠一起玩樂的聲音，
是即使好久不見都會把愛放在心裡的聲音。

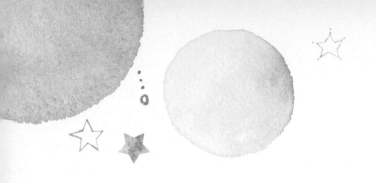

有好多好多的愛，
就好像是紅冠水雞媽媽餵食小雞的模樣，

像是輕輕踏水，
陪著四處探險的模樣。

就算今天我調皮搗蛋，
大笑亂跑讓全身髒兮兮，
我知道妳都會陪伴在我身邊，
給我好多好多的愛，
給我好滿好滿的愛。

謝謝妳的陪伴，有愛的陪伴，
每天我們都會充滿力量。

聽，孩子內心的聲音

「傾聽」是與孩子相處很重要的一步，因為沒有傾聽，我們就少了與孩子繼續建立關係的重要一步。在我們成長的路上，很多時候並沒有被好好的傾聽，就好像是打出去的乒乓球，總是只有出去沒有回頭。傳統觀念中「小孩子有耳朵沒有嘴巴」的說法深植在人們的心中，即使我們長大成人，一個口令一個動作或者說話被認為是狡辯的文化，仍在我們的生活中屢見不鮮。

還記得自己過去高中時擔任學校旗隊的後勤，一次我認為有原因的失誤，卻在跟指導老師說明時，指導老師指著我說：「不要跟我說藉口，你說的都是狡辯。」我依然記得當時內心不滿與不公平的感覺，至今我仍覺得我當下被羞辱了一頓，而我不認為那件事必然都是我的錯。即便那時我已經是個高中生，有了不錯的表達能力，有了更多力量去對抗權威或在上位者，但是沒有感受到傾聽的溝通仍然在我心中造成了傷痕，更何況是孩子呢？

不妨想想孩子與我們有什麼不同，他們有比較差的口語表達能力，也許是懂得的字彙比較少，無法清楚說明情感、事件的前因後果，對於自己的想法也難以明確的組織，他們或許沒有力量、權力，也無能為力，甚至有些大人會因此對他們的意見嗤之以鼻，並且當作玩笑話來嘲弄。當這樣的狀況一直存在，孩子就會像我們大人一樣，漸漸對於自己無法改變的事情感到無奈，最後選擇放棄。一份關係的持之以恆靠得是有來有往的互動，這也包含身體與語言上的接納與傾聽，當孩子感受到他說的都不會被聽到，甚至是被人嘲諷時，漸漸的他就會關起自己的心，讓自己也不再傾聽。

接著，讓我們一起來設想一個傾聽的情境：今天孩子回到家之後感覺挫折，他對於在學校與同學的衝突覺得不舒服，而這樣的情緒跟著他回家，讓他一進門就悶悶不樂，一臉不滿。我們大人是要選擇對他的情形有興趣，或者是告誡他進門時不應該一副苦瓜臉呢？

其實，我想只是單純的一句：「怎麼啦？」就會是一個很好的傾聽的開始。

正向回應，認真聽

一個好的傾聽會讓孩子感受到被尊重、被重視，也感受到自己並不孤單。一本我很喜歡的繪本——《不管怎麼樣，你都會愛我嗎？》裡面就有這樣的劇情：

小狐狸回到家悶悶不樂，大搞破壞，狐狸媽媽的第一句話就是：「喔！好悲傷喔！怎麼啦？」

小狐狸把自己說成是一隻不好的小狐狸，但是無論小狐狸怎麼說，媽媽都還是愛著他。接下來小狐狸便藉由跟媽媽一來一往的對話，去處理內心中那個澎湃洶湧的憤怒，也處理了自己心中那個是不是被真正愛著的擔心。

傾聽就像是這樣，是一種溫暖而直接的方式，需要的只是大人花一點時間停在孩子身上，並且給予孩子正向的回應。

每一位孩子，都需要得到我們的「反映式傾聽」，這大概可以簡單地分為以下三個特質：

1. 讓孩子說出自己的感受。
2. 鼓勵他們談論自己想要的。
3. 立即性回饋。立即、經常性地給予回饋，甚至是加強或加重對於他們行為的回饋。

這樣說或許還有些籠統，那麼就讓我們一起來設想一個情境吧！是否有過當我們跟人說事情時，對方可能眼睛正看著手機、電腦，而對於我們的話有一搭沒一搭的回應呢？當我們跟對方說幾次之後，我們會有什麼樣的感覺？是不是覺得自討沒趣，或者是覺得對方根本不在乎我所說的，就算對方說他有在聽我們說，對我們而言也早就聽不進去了。這種經常出現在男女朋友之間的問題，事實上也恰好反映了親子關係的核心問題。

「孩子是否感覺到被我們傾聽呢？」

我們花什麼樣的時間跟孩子對話、在什麼樣的情境下對話、對於孩子所說的我們又在意多少呢？傾聽需要的不單單只有一個開放的心，更包含了大人自己的準備程度，還有大人能夠做到多少的程度。孩子感受到不被傾聽，往往在內心裡會引起一陣漣漪，開始質疑：「我是不是被愛的？」因為沒有被聽到，所以孩子的內心會感覺匱乏，也因此失去了正向的自我價值。

因為我們愛孩子，我們愛這份關係，我們希望帶領孩子往更好的人生道路邁進，所以我們會花費心力、花費時間跟孩子們一起經歷人生重要的學習，傾聽當然也是其中很重要的一環。但是相較於對家長有很多的要求，我認為家長應該要先照顧好自己，我們可以在家庭中從孩子幼年時便與他建立起一個固定的時間，在這個時間裡，我們已經忙完手上大部分的事情，能夠用心力去與孩子對話，同時避免自己的壓力影響了對於孩子的傾聽能量。

傾聽是什麼呢？

傾聽的基礎是「同理心」，而所謂的同理心我們或許了解，但是這代表著我們要先擱置自己的需求，要先把自己放在一邊，才能夠專心且全神貫注的聽對方說話，認真看待對方所說的事情。什麼是擱置自己的需求呢？例如孩子因為生氣把家裡用的一團糟時，我們能夠讓自己從湧升到嘴邊的怒火中脫離，並且能夠停止負面情緒，表現出我們想要聽聽孩子想要說的話，就像本書一開始提及的，我們將孩子與問題分開，因此我們擱置自己的需求，就是想要認真聽聽孩子被什麼樣的問題給綑綁著。

也因此我們才能夠放下自己可能有的情緒、防衛、預設的心理，能夠真心誠意的聽孩子的聲音。那我們又要如何更進一步做到「同理」呢？同理是我們能夠打從心裡接納與開放的去了解對方的想法，同理是我們能夠真正試著進入他內心的感受，讓他覺得在面對困難時我並不孤單。

我們什麼時候會感受到對方沒有在同理我們的感受呢？如果我們了解這點，就能夠看到我們在與孩子相處時所犯的錯誤。也許今天我們難過的時候，對方只是過來拍拍我們並且說句「你不要太難過了」，我們或許還會感受到他對於我們感受的關心，但是如果他說「你這樣有什麼好難過的，我上次……都沒有哭，你這有什麼好哭的？」我們心裡可能就會覺得，你根本沒有在聽我說話，我也一點都沒有被安慰的感覺，更甚者，有人會開始說「你這樣還好，哪像我……」之後他可能就開始哭訴自己的事情了。

這樣的情形是不是經常出現在日常生活中呢？在我們的教育中事實上並不太教導人們要傾聽、同理別人的感受，往往當我們試著要跟別人說明自己的感覺時，收到的卻是別人給我們的情緒，而我們也因此把這樣的相處模式應用於與孩子的相處當中。所以不要認為孩子們不聽我們說話，而是我們在他開始要學習說話時，我們就已經先關上了耳朵。而這樣被教養長大的孩子，之後也仍然不懂得去傾聽與同理別人的感受，自然就會更容易產生一個無法溝通的社會，因為大家就好像沒有調對頻道的無線電，都有發出訊號，但是都無法讓別人真正接收到。

可以的話，我們要試著從小就讓孩子在傾聽、同理的環境中成長，讓他感受到自己的話語被重視，自己所說的話是被看重的。就如同我們上一節所說，這會讓他們的愛箱得到滿足，孩子的自我概念也會藉此逐漸成形。

這麼做，讓孩子知道我們有在聽

第一步，我們全神貫注面對眼前要說話的孩子，然後我們鼓勵、等待他的開口，就好像我們生氣、難過時，有些時候也很難一下說出來。孩子與我們是一樣的，等待是讓他看到我們真的對傾聽他說話有興趣，等待是讓他感受到他的話是有價值，等待是讓他感受到我們是有愛的。

第二步，是立即性的給予回饋。這些回饋不是那種「我都知道你在說什麼」，或是在他還沒有說完時就把他打斷，或者是以我們的立場去解釋他的感覺，也不是急急忙忙要幫他下一個結論。這個回饋可以是以下的反應：

「嗯！」、「我了解你的感覺。」、「你慢慢說，我正在聽你講話。」

或是能夠回饋孩子所展現出來的情緒：

「我感覺到你很難過，因為你知道今天下雨不能夠出去玩。」

「我能夠感受到你的生氣，因為你的好朋友居然沒有跟你說就跟別人約。」

別急著把自己的情緒或想法加諸在孩子身上，比如說最常見的是：

「這只是一件小事情，你不要這麼小氣。」（但是對孩子來說這可是大事！）

「你這樣很好笑！很丟臉。」（沒有聽孩子說話，甚至還羞辱他。）

甚至是直接關上了我們的耳朵，傳達出一個非常清楚的訊息：

「我不想再聽你說了！」

重點應該是一個「同理」的氛圍，我們把眼前孩子說的每一件事情都當作很重要，有些時候我們試著把他丟過來的話語跟情緒做一個整理，然後經過分析之後還給他，甚至是以一些的問題來回應他，藉此幫助我們，也幫助孩子釐清自己的問題。同理的時候我們共同感同身受，而我們也因此跟他一同處理他所面對的困難——「我覺得你說的很重要，而且我很想要繼續了解你的感受。」在這種情形下，彼此的溝通才能夠繼續發展下去，問題也就能夠逐步得到解答。

有一天，一位孩子的媽媽跟我反應孩子早上都會哭，哭著要陪媽媽不要上學，這讓她有點困擾，媽媽的困擾同樣也讓我很困惑，因為孩子在學校的表現總是笑咪咪的，也很喜歡在學校的時間，因此了解到底是什麼樣的情緒困擾著她，會是我們需要解決的複雜問題。

早上孩子來學校後，我問孩子說：「最近早上過得好嗎？」我試圖以話題開頭，想要了解孩子願不願意跟我說，因此我設計了一個對話的空間，而這個話語代表的是——我想要了解妳的想法。

孩子笑著跟我說：「我早上起來都會哭喔！」孩子願意對我們袒露她的情形，而且是一個負面情緒的情形，我們就應該繼續跟她討論，表現出對於她所說事情的興趣。

「怎麼了呢？是什麼原因讓妳每天早上起來都會哭，妳願意跟我說嗎？」

「因為我想媽媽，所以我就會想要哭。」

「所以妳是因為想媽媽，這幾天早上才會很想哭，是嗎？」孩子點了點頭。

看似一句只是重複說過的話，本身卻代表著我們真的有聽到她說的內容，而且我們也明白她的感受，了解本身就代表著接納，了解本身就帶著我們的重視。

「妳願意告訴我原因嗎？」

孩子笑了笑，搖了搖頭：「沒有原因。」

之後在我跟孩子一來一往的對話中，我了解到她哭的原因並不是媽媽、爸爸陪得少，也不是因為不喜歡上學，不是因為學校同學對她不好，也不是因為不喜歡老師；相反的，她很喜歡上學，也很喜歡老師。只是，她就是會想媽媽。

我們大人是否也會這樣呢？不是因為真的不喜歡一個環境，而是只是因為一個最純真的想念而掉下眼淚，因為一個最純真的關係，因為愛而感到難過。孩子藉由哭來表現出她對於大人的愛，對於分開的不捨，但是對於大人來說，我們還有很多需要忙碌的事情，我們也因此被迫暫時沒有注意到這份來自於關係的愛。

之後，我抱抱孩子，我跟孩子說我每天早上都願意聽妳說，我也會每天都抱抱妳，希望我們一起努力，讓妳早上起床的時候都會有好心情，我們可以慢慢學會怎麼樣在早上起來時，能夠用說的讓媽媽知道妳很想她。最後，再抱抱孩子，跟孩子說謝謝她，因為我很喜歡她的笑臉，當我說完後孩子給了我一個真誠的擁抱。

之後幾天，孩子總在早上與高采烈地跟我說：「小傑老師，我今天沒有哭喔！」我會跟她說：「我知道喔！妳很努力。」再給予她一個很大的擁抱。

事實上，改變一個「問題」並沒有這麼困難，只要有傾聽、同理與愛，孩子就會慢慢地找到更適合的方式，原本的擔心也就迎刃而解了。

以鼓勵成就愛

你是不是能夠多記得一些我好的模樣，
不是哭哭啼啼吵吵鬧鬧，不是跑跑跳跳到處亂跑，
不是生氣大叫打翻水餃，不是害羞難過不想睡覺。

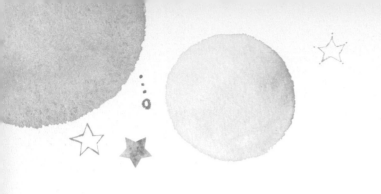

我希望能夠被記住我那些好的地方，
然後忘掉那些不好的地方，
可以記得我那一些些努力的地方，
忘記我很多時候跑出來不完美的地方，
如果你只記得我的不好，那我就沒有辦法變得勇敢茁壯，
想辦法試著長大一點點，告訴你我也想要變得更好。
當花如雪點點落下，當花如雨點點落下，
要的只是有人靜靜傾聽，
然後……

鼓勵與讚美

「鼓勵」和「讚美」有很大的不同，在一開始就點破這點，是因為在「鼓勵」的使用上有一個需要被特別注意的重點。現在，讓我們試想一個情境：今天孩子考試考九十八分回到家，我們會問孩子些什麼？或是在我們的成長經驗中，我們會聽到什麼呢？

「你那兩分是怎麼扣的，為什麼不能考到一百分！」

「就跟你說要檢查，這種題目都會寫錯！」

「你好棒喔！你看你認真還是做得到的嘛！下次還要繼續保持啊！」

「妳好棒唷！果然是媽媽的好孩子！」

「就是要這樣，媽媽就會覺得你是讓媽媽臉上有光的孩子。」

更甚者是：「班上其他人都考幾分呢？」

從頭到尾，孩子都處於被檢討、浮誇的讚美、下次還要繼續保持的壓力，甚至還要跟他人比較。這樣的誇獎不能稱作誇獎，看到的只是對於孩子的要求，我們要他好還要更好，但是我們沒有給予他肯定自己的力量，我們也沒有讓他生活在被鼓勵包圍的力量中。鼓勵本身就是愛，而缺乏鼓勵的話語，呈現的是要求，呈現的是不真實的讚美。

那什麼是鼓勵呢？

我們與孩子相處時，鼓勵技術看起來並不困難，但是，是什麼影響我們沒有辦法對孩子進行鼓勵呢？因為我們沒有被鼓勵過，那不是我們從小到大習慣的說話和聽話方式，我們怕會寵壞孩子，認為那是孩子應該做到的，或是我們太重視要他更好，而忘了看他當下的努力。無論如何，沒有鼓勵的環境就缺少了給予孩子愛的管道，孩子努力往前奔馳，但我們也許只是不斷的在澆他冷水，或沒有給予他足夠的支持，就像之前說的，如果每一個人身上的愛箱都沒有被裝滿，那他怎麼會有力量繼續往前奔馳呢？

孩子可能會覺得自己是不是並沒有被真正愛著、如果我做不好是不是就不被愛了、我好像永遠都無法滿足大人的要求、感覺被敷衍、感覺自己只是被當作工具。最後孩子覺得心灰意冷，與我們越走越遠，也越來越無法進到他的心裡。

鼓勵並不困難，也並非只對孩子有用，事實上每一個人都需要被鼓勵，學習到這個說話的方法，不單單只適用於孩子，更重要的是家庭內每一個人都應該被鼓勵，這樣愛才能夠在家庭中形成能量，並且在每一個人的心中流動著。

肯定特質與能力

每一個人都有自己獨特之處，有些孩子細心，有些孩子敏捷，有些孩子擁有敏銳的觀察力，有些孩子充滿愛的同理心，有些孩子的關懷無微不至，有些孩子思路清晰創意無限……每一個人的特質都需要被看到，也需要被關注，在鼓勵的語句中，我們需要清楚說出孩子所具備的特質、能力，而不只是廣泛的讚美，尤其是非常膚淺的讚美。

比如說，我曾教過的一位孩子，雖然生氣的時候像是爆炸的火山，常跟同學爭執、推擠，但是當他看到其他孩子或老師需要幫忙時，他總是能夠在別人提出需求前就主動幫忙，他擁有一個非常細膩而充滿愛的內心。（如果這時說出一句：「雖然你一天到晚在跟別人吵架！……」那孩子耳中聽到的就不只是鼓勵了，比較像是我們在嫌棄他與他人吵架的事情。）

對於這樣的孩子，我們要怎麼鼓勵他呢？

一天孩子睡醒的午後，我請他到我身邊，抱著他跟他說著：「我看到你總是在團體當中幫助很多同學，你非常的細心也非常的仔細，常常在我還沒有說的時候你就已經開始做了，而且你不只是注意別人的安全，你也會注意自己的安全，你真的是很會照顧別人，你長大了，有能力去幫忙有需要的人了。」

當我這樣不時在團體或個人時間給予孩子鼓勵與肯定後，孩子更願意幫助別人，原本愛生氣的脾氣也漸漸改善，孩子的正向行為得到了增強，而這樣增強的正向行為也能夠延伸到其他需要努力的行為上面。

過去也碰過有情緒困擾的孩子，他在碰到挫折時，爆發的情緒是我看過數一數二強烈的，但是他在藝術創作上卻有超乎年齡的表現，這個時候看中他的特質跟能力，自然就會成為我們有看到他、關心他的一個很重要的方式，之後碰到爆發的情緒時，我們彼此之間便有了一個穩固的橋樑可以面對困難。

因此，我們平常就應該仔細去看看孩子的特質，自己的孩子有什麼地方是屬於他的獨特能力。並且注意讓孩子和自己比較，而非去跟別人比較，意思是，如果今天孩子很細心的將自己的東西排列好，但是他有　位更會收拾的姊姊時，我們應該看到的是他自己的能力，並非是跟姊姊做比較，因為手足間的競爭不會讓孩子進步，更多的時候只會造成手足相爭、彼此不滿而已。

假設一下，如果孩子總是把自己的東西整理整齊時，我們要怎麼回應他呢？

「爸爸看到你每天都把自己的東西整理的很整齊，讓每一樣東西都有自己的位子，甚至想出辦法讓他們可以回到原來的位子，你真的是收納高手。」我們說出了他的能力，並且描述了他的行為，他所做的事情都被我們看到，而我們對於他的努力感到肯定，這便是一個鼓勵句型——肯定特質與能力。

指出貢獻，並表達感謝

生活中很多事情都是環環相扣的，或許在看到這一個句型時，爸爸媽媽們會在心裡想著：「我們家小孩有什麼樣的貢獻嗎？是要拖地、掃地、洗碗、擦桌子、擺碗筷這樣子的貢獻嗎？」事實上並沒有這樣困難。

如果有一天早上，你打開孩子的房門叫孩子起床時，平常總是要三催四請才慢慢起床的他，今天不知道為什麼，在我們叫第二次的時候他就起床了，雖然還是睡眼惺忪，好像隨時會倒下去的感覺，這時在門邊的我們跟他說了：「我今天只提醒兩次你就起床了，謝謝你今天的幫忙，讓我可以趕快去準備早餐。」

也許當我們說完的時候，原本有可能倒下去繼續睡的孩子，會因為他一起床就獲得鼓勵而開始做準備，因此起床時想要把平常沒有摺的棉被摺一下，雖然邊邊角角都還無法對齊，但是可以感受到他努力想要摺好的模樣，這時折返的我們可以跟他說：「謝謝你幫忙摺自己的棉被，讓我可以很放心的準備早餐，你真是我的大幫手。」

我們以這一個短短的情境來看，指出孩子的貢獻和表達感謝其實並不困難，我們只要看到孩子生活中的一點點小改變，事實上都值得我們去鼓勵他的努力。當我們今天的身分是孩子時，我們聽到的是什麼呢？也許早上還沒有辦法那麼快就起床，也許嘴巴裡正要發出一句「囉嗦」，但是媽媽居然說我有進步還謝謝我的幫忙，看來媽媽真的有注意到我，而且也知道我有在努力早起，那原本要出口的話就回到了心裡；接下來，我覺得想要幫一下忙，但是因為平常沒有幫忙摺棉被，所以摺的並不是那麼好，但是媽媽居然感謝我的幫忙，看來我真的有能力做很多事情了。

日常生活中都有大大小小的事情可以讓孩子看到，原來在生活中，他也是一位有能力的人。感受到自己是一個有能力的人是多麼重要的一件事情，如果孩子覺得自己凡事都沒有辦法做好，自己做的事情對於家庭與環境沒有貢獻，那他自然就會對自己的能力產生懷疑，對自己沒有信心，自然也就沒有辦法產生力氣擁有更多努力，簡單來說，孩子的愛箱空了，因為他沒有被看到。

對大人而言何嘗不是如此呢？當我們工作的時候沒有辦法被老闆看到我們的貢獻與獲得感謝；或我們在立冬時準備了好喝的補湯，結果另一半平淡的喝完沒有給予任何回應，甚至是喝完一口之後嫌難喝，對我們來說都會是莫大的傷害，我們的努力沒有被看到，我們的用心沒有被好好的重視，而改善這種彼此間衝突的方法並不困難，那就是指出貢獻並表達感謝而已。

看重努力與進步

在過去的成長背景中，整個社會形塑出來的便是重視結果而非過程，考試看的是結果而不是事先準備了多少，比賽看的是結局而不是之前的練習，就連打掃看到的可能都是最後哪邊沒有掃乾淨，而不是努力協助做家事的這份心意。要看到結果容易，因為他會是一個明顯的結局，這時我們會讚美他的成就。

從過程中便給予看重，甚至是看到他的進步則是鼓勵，讚美讓他看到一個表現成果所贏來的光環，他必須要為了下一次得到榮耀而奮鬥；但是過程中的看見與發現他的進步，則是能夠讓孩子知道，我們一直陪伴在他的身邊與他一同努力。就好像是與他同行、與他共舞，我們的鼓勵代表著對於他的支持與看重，因為從他開始努力，我們就一直知道，我們在意的不是成果，而是他在過程中的努力與進步。

當孩子學習著如何能夠勇敢地與爸媽分離上學時，如果我們等到他沒有哭的那一天才給予鼓勵，那孩子需要等待多久的時間才會得到我們的肯定，而且孩子也會懷疑，自己是否要完全不哭才是好的，自己要多努力才能夠得到爸爸媽媽的看重與支持呢？仔細想想，處理分離焦慮連我們大人都覺得不容易，因為孩子上學的情緒調整，就好像是我們面對人生的每一場離別一般，分離焦慮本身就是愛的展現，因為有愛，所以我們會對分開感到難過，因為有愛，所以我們會對於看不見、不確定的事物感到害怕。因此，如果真的要孩子完全不哭才是好的，要這樣才會得到我們的讚賞嗎？

我想並不是如此的。

孩子生氣時會打人，

在早上答應我學習不打人之後的下午，

他因為一件沒有人責怪他的事跟我發了陣脾氣，

最後因為發怒過度而吐了一地，

我們先一起去上廁所後，幫他換好衣服，

「謝謝你有遵守跟我的約定，雖然很氣但是你並沒有動手打我，我相信你生氣的時候要學會控制很困難，但是你做到了，沒有動手打人。」

生命當中會有好多的驚喜和痛苦，
有好多的快樂和傷心，
還有一陣陣的生氣和挫折，
學會跟情緒共處是從小到大都要學習的功課，
愛我們的人會接納和接受我們的情緒，
也會希望我們學習更好的情緒。

重視愛自己的人的眼光然後不斷學習，
情緒是功課，情緒是困難的一道考題。

學習控制情緒並不容易，如果說情緒是能量，憤怒的能量是澎湃且激昂的，充滿著尖刺與攻擊力，因此要好好和這樣的情緒相處並不容易。如果我們要等到孩子的情緒「完全」掌控住才認同他的進步，那我們就錯過了與他同行，一同成長的機會了。在他背負難關的時候，我們與他同在且了解他的感受，孩子會在這樣的鼓勵中看到滿滿的愛與支持，而且他即使沒有辦法那麼好，即使他還有些需要努力的地方，但他會知道自己仍然被深深的愛著。

表達信心

在我們努力的時候，我們會希望聽到什麼樣的話呢？當我們覺得事情不在掌控中時，我們會希望聽到什麼樣的話呢？一句「我相信你能夠完成的！」堅強話語，再搭配堅定的眼神，就能夠代表我們預期他可以成功，我們相信他可以突破眼前的難關，在他心中，藉由我們的口語、肢體動作、眼神表現出對於他的信任與認同，從彼此的互動中，讓他看到在我們眼中的信任姿態。

如果我們無法展現出信心，孩子就會成為我們心中的模樣。「比馬龍效應」即是指出這點的理論，我們如果認為孩子會是一條龍，孩子就會擁有動力往那個方向邁進，但是如果我們對他沒有信心，甚至抱持著負面的看法時，孩子則會成為我們心中較為不好的模樣。

但是在表達信心的語句使用上，我們要非常注意幾個問題：

1. 不要超過他能理解的難度太多，我們以他真正的能力，讓他看到我們對他的信心，同時也看到他的潛能，並且能同理與傾聽他真正的感受。
2. 給予他支持、必要的協助或教學，讓他能夠更接近成功。
3. 我們不是希望他成為我們心中滿意的模樣，而是了解他並陪伴他往目標邁進。

表達信心的語句，有些時候會讓孩子感受到壓力，就像別人對我們表達信任時，同時也代表著他對於我努力結果的重視。因此我們需要了解到，表達信心的句子不能只是空泛言談，應該還要搭配其他鼓勵的句子一同使用，讓孩子感受到我們從開始、進行、結束都重視，而我們的鼓勵一直都在。

像是孩子在學習自己穿鞋子，一開始時我們可以說：「我知道穿鞋子不容易，但是我相信你可以一步步慢慢完成，你很快就會學會的，在你練習的時候，我會在你身邊陪著你。」我們表達了對他的信心，同時也要讓他知道在過程中我們會一直陪伴著他。

並且可以試著說：「我看到你剛剛右腳已經可以穿進正確的鞋子，你很專注而且用心的在學習，你的努力我都有看到。」必要的時候，我們可以稍微拉他一把，幫他確認好左右腳，或者是稍微扶他一下，這可以表現出我們不只是單純的要他加油，而是真正的與他同在、與他同行。

當孩子終於把鞋子穿好的時候，我們可以擁抱他，在他耳邊跟他說：「我知道穿鞋子真的有些困難，在過程中你很努力的要自己完成，你也真正自己把鞋子穿起來了，我看到你的努力與進步。」如果是我，最後我會再加上一句：「辛苦了！謝謝你的努力。」孩子當下會感受到完整的支持與鼓勵，又不會擁有被強迫的感覺，更重要的是，我們對他滿滿的愛與看重。

傳達接納與認可

最後，傳達接納與認可並不需要使用太複雜的語句，要的只是我們單純的去描述孩子的行為、感受，不需要給予額外的指導或者是要求，而是讓孩子感受到，他這樣做我們覺得很好，同時在這過程中可以回應他我們的感受。

在幼兒園工作時，如何讓一群在集合時間左顧右盼、聊天說話的孩子們發現現在老師已經集合了，這其實有很多種辦法，我們可以運用手指謠、手勢、燈光，甚至是口頭提醒、耳提面命，如果還是有人在玩，老師有可能會使用比較嚴厲的口氣，但是在我的經驗中，事實上這並不是那麼的困難。

「謝謝XXX，你看到我在台前的時候就過來坐好，你有發現我要做什麼，謝謝你。」通常當我這樣一說的時候，其他孩子們會像是被電到一樣，發現我們正在做什麼，進而自動自發不需要我們太多的提醒。

我們也可以在孩子幫忙拖地板的時候跟他說：

「你拖地板的時候很認真與專注，連角落的地方你都有注意到，謝謝你的幫忙。」

當孩子在看書時，我們可以說：「我看到你自己一個人專心的看書，你真的很喜歡這本書。」我們可以不用下評價，甚至也不用給予任何的建議，就只是陳述一個事實，僅僅如此就已經是對他的接納與認可了。

或是，我們也可以在孩子拿起畫筆畫畫的時候，在他身旁看著，一邊回應他所畫的東西：「我看到你拿了紅色的蠟筆畫了一個圈圈，又用了黃色的蠟筆在旁邊畫上了顏色，旁邊還有藍色的圖案。」就只是陳述他現在所做的事情，也就代表著接納與認可。

想想，以上這些語句如果換成不是鼓勵的話語，會變成什麼樣呢？

「你拖地板的時候，要連邊邊角角都要拖到啊！要專心！」

「唉呦！太陽打西邊出來了喔！你居然會拿書出來看。」

「你在畫什麼奇怪的東西，看都看不懂，你為什麼不畫一個人，或者畫一隻小貓。」

要小心的是，很多時候我們會把幽默當成是與人對話的一個方式，但是調侃並不是幽默，取笑亦不是幽默。藉由鼓勵才會看到孩子的專長、特質、他的努力、他的進步，表達、接納、認可能讓他充滿信心。能以正向言語鼓勵並給予孩子支持，相較於對孩子的行為採用負面態度，在改善孩子的行為問題與建立正向行為時更為有效。

我們可以從很多研究中看到鼓勵的力量，面對孩子的負面行為、缺乏動力與缺乏專注，以正向的態度和話語去給予孩子「鼓勵」，以正向話語去幫助孩子肯定個人努力的價值，必要時使用一點點期待性讚美作為關係中的緩衝，是對於很多不同類型的孩子都很有用的教養方式。從鼓勵中積極地看到孩子的正向特質，並且成為他的鏡子，我們反映出他在我們心中的樣貌，以真誠的態度與愛來對待他。

爸媽希望別人怎麼對待自己，那就請爸媽以同樣的方法對待孩子。

愛與設限

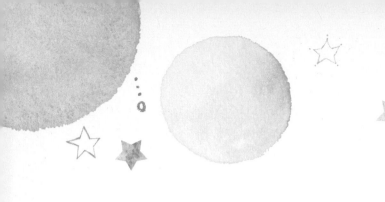

我知道，不論我不小心犯了什麼錯，
我都會有溫暖的親吻。

我知道，不論我不小心打翻了多少顏料，
我都會有溫暖的擁抱。

我知道，不論我吃東西掉了多少，黏在身上，
我都會有好舒服的按摩。
有些時候我會說不要，因為我還沒有準備好，
會有一點點擔心，會有一點點害怕，
但是我知道，你知道真正的我是要還是不要，
因為是你，所以我真的知道。

「謝謝你知道，我也知道。」

什麼是設限呢？

設限指的是設定界限和限制，除了愛之外，我們也需要讓每一位孩子了解到社會上的界線與限制。來舉一個例子：

當行經一條平整沒有號誌、標語與測速照相的道路，一開始人們或許還會按照標準的時速走，但是隨著人們逐漸發現這條路不會有測速照相之後，車速可能就會越來越快。有一天人們看到立起來提示前方有測速照相時，經過這個路段就會開始慢一點點，會東張西望，也會比之前小心，但是如果發現測速照相機沒有拍照，或者是拍照的標準比較寬鬆，有一些人會開始鋌而走險。反之，如果每次過去都一定會拍照，人們很快就學會經過這條道路時，要小心注意自己的車速。

這樣的習性恰好反映了教養中的「界線」，當我們前面說了很多傾聽、同理、鼓勵等以愛為基礎的教養方式時，是否會讓人覺得：「以愛為基礎的教養，是不是就是告訴我們不應該給予限制呢？」或者「是不是我們給予他限制就是阻止他的成長呢？會不會就讓他感受不到愛呢？」，我想這個想法是絕對否定的，給予孩子明確的界線，這不只是教養必備的，與愛也是共同共榮、相輔相成的。

你是否也聽過那個古老的故事：

一個孩子從小偷東西媽媽都會幫他掩蓋，或者是誇獎他，直到一天孩子長大成人因為犯下大錯要被砍頭時，看到來探望的老母親出現在他面前，便要求是否能夠最後一次再喝母親的奶，當眾人以感嘆惋惜的心情來看待這份母子情時，孩子咬掉了母親的乳頭說道：「如果妳以前告訴我做的是錯的事，今天我就不會淪落至此了。」

我忘記這個故事是來自於哪裡，但是正如三字經裡面說到的「養不教，父之過」，教與養本身是應該要互補，且明確的從生活中做起，我們可以給孩子一個愛與支持的環境，但我們同樣要讓他們知道社會的秩序與規範。這是協助孩子學習社會化的過程，孩子從我們給予的界線，了解到社會的規範，而他也因此不逾矩，之後進入社會中也不會跌跌撞撞，過程中他仍然會感受到愛，因為我們告訴了他危險，為他設想，也讓他不會因此受到傷害。當我們以愛為出發點為孩子設想時，我們就會讓他知道這份關係是重要的，我們一直在為他著想，也以愛協助他往正確的方向前進。

愛的包容與限制並行，讓孩子逐漸成長

但是要如何給予限制、界線，並且不會讓孩子只感受到傷害而沒有感受到愛？如何避免因我們的行動而讓關係變得緊張？甚至有沒有可能讓他心裡原本滿滿的愛被消耗殆盡呢？

事實上並不會，愛本身可與界線共存，孩子心裡的愛箱也可以成為我們設立界線、管教的支持力量，換句話說，我們的教養應該是要環繞著一個孩子心中的愛被填滿的狀態，不因他的不好而撤離我們的愛，或以愛作為要脅，因為這樣的教養只會讓關係中充滿了憤怒與恐懼。孩子可能會害怕我們隨時會收回對他的愛，他必須不斷的努力才能夠得到我們的愛，最後他們可能就會選擇放棄，選擇從關係中撤離，並且對我們充滿了憤怒。

但是當我們把愛放置於彼此的關係中，在我們告訴孩子們應有限制的同時，我們仍是在填滿愛箱的狀態下進行。雖然設立界線的行為可能會耗損孩子心中感受到的愛，但是由於我們並不會因為設限而失去了對於他的愛，為了讓孩子感受到是被愛的，我們可以和孩子說：「孩子我愛你，我也知道你很想做這件事情，我很抱歉我沒有辦法讓你做，即使如此我仍然深愛著你。」

我們也可以在過程中讓孩子們了解我們的感受，以「我訊息」——以我作為開頭的

訊息傳遞方式，讓孩子知道我們的感覺「對於你越線的行為我感覺到很難過與生氣，因為你的行為讓我覺得很擔心，我很愛你，但是我需要跟你談談。」我們大人把自己感受到的感覺讓孩子知道，當他從我們身上看到自己行為給別人的感覺，就好像一個學習的範本。孩子從與我們相處的經驗中去了解，也因為我們擁有愛在背後支持，孩子可以在更安全的情形下學習到人與人之間的關係，以及自己行為會衍伸導致的他人情緒，甚至可能造成的問題。因此，當大人感受到負面情緒時，應以「我訊息」，配合我們感受到的情緒，像是「我覺得……」、「我的感受……」、「我的感覺……」的方式來表達，如此一來孩子就不會覺得自己的錯誤、越線等行為是不被愛的證明，他能夠更了解限制背後的原因，看得到問題也會逐漸改變。

反之，如果我們只是無止境的接受與包容，或者處處為孩子找理由，並無法養成孩子有愛的心，對孩子而言，那只會養成一個沒有限制和界線的心，他們會缺乏對於現實的了解，對於他人需求的了解，對於他人限制的了解。當我們沒有辦法滿足他時，他無法這麼快的同理我們的感受，沒有辦法去接受大人也有限制，而且如果他已經把這樣子的關係當作是愛的表現方式，那我們的撤離、堅持與改變只會造成更大的傷害，因為我們打破了原本建立的平衡。

所以，當孩子去上學時，請你設想老師會希望你幫孩子的每一個行為找理由，還是可以真正了解這是孩子的不足，進而幫助孩子一起克服問題呢？

因此要從一開始的教養就讓孩子了解到，他們是被愛著的，這不會因為我們告訴他的界線而有任何的改變，並且會陪伴孩子去面對眼前需要學習的功課。

如何設立界限呢？

我們要如何設立界線呢？設立界線又要包含什麼樣的內容呢？這裡有兩個很重要的重點，便是「限制」與「一致性」。

限制

以一個比較簡單的例子來說明設限。家住在高樓層時，我們需要從小讓孩子知道不可以攀爬陽台。對此我們可以有很多的方式，像是用恐嚇的，當他靠近就罵他、打他跟處罰他；也可以在陽台直接加個鎖或者是把陽台包得密不通風。這些恐嚇的方式或許會讓孩子感到害怕，或是他根本還來不及了解原因，我們就把一切都給封鎖住了，不讓他知道任何事情，但是這樣的無知或害怕是否是我們想要的？打他、罵他、處罰他，沒有辦法讓他了解我們所作所為背後的原因，更可能引起他們因為反抗而想要嘗試的心，孩子就像是睡美人，國王將所有的紡紗機收起來而不告訴她原因，當只有禁止和限制時，最後仍然功虧一簣。

因此，要先對孩子說明這個「限制」的原因：「我知道爬上去很好玩，有些時候東西也會不小心掉過去，讓你想要過去撿，但是爬上去可能會有掉下去的危險，我擔心你因為這樣受傷，所以我必須告訴你，我們沒有辦法讓你去攀爬陽台。」除了單純的說明之外，可以輔以新聞事件，甚至是稍微抱他一下，讓他看一下這樣的高度與危險性。因為孩子可能無法只從我們的說明就能了解到我們的用心，也因為每一個人學習的方式不同，我們必須針對孩子的特質，以適合他的方式讓他學習、了解。

攀爬陽台的這一個例子中，「禁止他攀爬陽台」成為了一個最基本的界線。我們可以藉由一些帶有愛的方式，讓他明白跨過界線的「後果」，但這必須是跟他討論過後，並且是讓他充分了解前因後果後的方式。

帶有愛的方式便是不會以打罵作為我們唯一的手段，可以請他稍作休息，結束後抱抱他，讓他感受到自己並不會因為一時的越線而失去了我們的愛，我們的愛從沒有消失，只是因為我們看到了危險，因為愛他也因為擔心，所以需要告訴他該注意的事情，但是並不代表我們會將愛撤離，也不會以愛與不愛作為要脅，我們在彼此關係中不斷的尋找方法，尋找可以一起學習的方法。也因為有跟他討論，因此他不會覺得是被壓迫，而是能夠了解背後的原因，甚至他也有機會說明自己的感受。

一致性

「一致性」是「設限」中經常被提及的一個重點，可以粗略從界線的一致性、大人態度的一致性、行為後果的一致性來進行思考。

在此我們先從反向說明，當大人沒有辦法做到一致性時，我們要思考這個規則是否不合理，像是這個界線是不是本身就有問題，導致他根本無法堅持下去。例如我們希望孩子每天要在九點前就寢，但是如果幫他安排的才藝課程會到晚上八點半才疲憊的到家，接下來還要洗澡、收拾東西等花費時間的工作，我們可能每天都壓著他要在時間內完成，結果就是他生氣，我們也不高興，訂下的規則根本無法執行。這時就要了解孩子沒有辦法做到，甚至會對我們發脾氣，可能是一開始設定界線的問題，這時應該要立即進行調整，以免整個家庭的節奏與氛圍變得充滿衝突，我們也許會看到其他事情上的無法堅持，孩子也顯得無所適從。

事實上，大人態度是否一致性的問題一直普遍出現在家庭生活中，甚至可以說，夫妻之間對於很多界線的堅持度往往都很難擁有一致性了，更何況是家裡還有長輩的時候呢？是否有聽過家裡的孩子會跟長輩撒嬌，以得到平常被禁止的食物，或者是到長輩家裡更會用耍賴、哭鬧的方式來獲得自己想要的東西；這也同樣發生在夫妻之間教養不同調時，孩子會在其中一個人的身邊使用上述方法來得到他想要的東西，有時甚至造成夫妻之間的爭執與衝突，讓整個家庭的關係陷入緊張。

是否覺得很熟悉，這就如同之前提到的爭取權力，孩子會在不一致的關係中尋求他們想要的權力與利益，如果孩子長時間處於一個教養界線不一致的環境裡，他可能會知道自己可以從哪邊獲取自己想要的利益與權力，並且習慣從關係中的衝突得到他的利益。當他逐漸成長變得更有能力時，如果他把這樣的習慣運用於與他人相處，之後會變成什麼樣子我想也就不言而喻了。

最後則是行為後果的一致性，種下了什麼因便會結出什麼樣的果，孩子的行為會引起後面的行為後果，就像盧梭在《愛彌兒》中提及的「自然後果」，當孩子打破了玻璃，他自然需要去承受寒風侵擾的不適。也因此，如果跟孩子說明與約定好當他跨越界線後的後果，那就應該要盡可能地做到，要注意不能夠三天捕魚兩天曬網。就好像當我們發現測速照相不是每次都會拍照時，我們也許就不會這麼容易學會要遵守規範，可能會去賭看看今天的運氣如何。

孩子或許不會有這樣苟且的想法，但是我們當然也不希望養成他有這樣的心態，所以要怎麼做呢？首先要先反思，我們訂下來的事後結果是不是做得到，比如可以跟孩子說，如果回鄉前一晚不能夠自己把玩具收拾好，明天我們就不出門了。但是這是不是真的可以做到的事呢？我想是否定的，即便他沒有收拾好，隔天我們可能還是要帶著憤怒的心情帶他出門。但是像這樣無法做到的情形，是否也是在告訴孩子，我們訂下的目標是可以不用達到的，或者是只要大人做不到的時候就可以不用遵守了呢？如果不希望孩子養成這樣的態度，那就更應該在訂定行為後果的時候妥善思考，我們只以真正做得到的事情來作為目標。

接下來，我們讓孩子也擁有討論的權力，應該讓孩子在生活中就體現自己作主，並且為自己的決定負責任的習慣。設定界線時，應該要先跟孩子討論界線的合理性，並且讓孩子有機會去表達自己的意見與感受，因為有他的加入，這份界線就不單單只是對於他的限制，而是他能夠從討論中了解我們想法，並且有機會自己做決定，這也是在告訴他們，他們應該要試著為自己的決定負責任。

關於與孩子進行討論，很多時候因為不了解孩子的發展或者是孩子的想法，甚至是因為我們趕時間，因此就斷然地幫孩子下決定無法跟他討論；但同時我們也要知道，有些人認為全然接受孩子的想法就是討論，因此他的自由變成了毫無限制，忽略了我們自身走過道路所代表的經驗。這些都不會是絕對，我們可以告訴孩子各式各樣的事情，也可以跟孩子們討論各種事情，但是前提是我們大人要做好準備，設定界線也如同這樣，如果我們一致的以孩子為中心，我們會失了方寸，在設定界線時也會失去討論的能力。

Part 2

陪伴孩子 面對情緒問題

傾聽的基礎是「同理心」，這代表著我們要先擱置自己的需求，要先把自己放在一邊，才能夠專心且全神貫注的聽對方說話，認真看待對方所說的事情。

被夢魘侵擾的孩子

晚上，
好多好多的怪獸到了我的床邊，
一隻怪獸告訴我可怕的故事，
告訴我人會變老還有死掉，
一隻怪獸告訴我傷心的故事，
告訴我別人不喜歡我，
一隻怪獸告訴我生氣的故事，
告訴我今天不小心做錯的每一件事情。

一個晚上作了好多好多的惡夢，
希望能夠被好好地抱一抱，
能夠被溫柔地抱一抱，
能夠被溫暖地抱一抱，

靠在身邊告訴我沒有關係，
在耳邊告訴我一些溫柔的話語，
雖然人會離開，但是溫暖的記憶不會離開，
即使好像有人不喜歡我，
但是卻有好多好多人愛著我，
雖然我做錯了好多好多的事情，
但是下一次我能夠努力做到更好，
我有些難過，有些傷心，有些生氣，
但是謝謝你們在身邊的陪伴。

我打了一個哈欠，
你們也打了一個哈欠，
然後天亮了，怪獸也都消失了。

2013.1.24

孩子的夢境

在一天的午覺時間，一位實習老師問我說：「你有辦法幫助這個小女生嗎？她最近經常會在午覺時間作惡夢不斷掙扎，她可能需要你的幫忙。」

「怎麼了呢？」我問她，一邊看著在旁邊的孩子，皺著眉頭的她此刻還深深睡著。

「她睡一睡就開始作惡夢，會在睡袋裡掙扎和發出聲音，需要拍一拍才會安靜下來，最近已經發生很多次了，跟媽媽說了以後，發現孩子在家裡也會有這樣的現象。」

夢魘，感覺多麼難解決的一個問題。

很多不同的理論都在解釋夢對於人的意義，有些認為是白天處理不完的事情與情緒，藉由夢境可以得到解決；有些認為是大腦的休息；抑或是佛洛伊德所著的《夢的解析》，仔細地敘述夢境內容的成因與背後的影響。

夢境反應家中狀況

當一位家長或老師要陪伴孩子去處理屬於潛意識的夢境時，我們應該要尋找一些方法來陪伴她面對這個「問題」，這並非使用理性或感性就能夠完全克服，這也是我把這現象列為第二章一開始就討論的原因，因為這個看似很不好處理的問題，在細細探究整個流程後，我想我們或許可以思考，陪伴孩子一同面對問題並不是那麼困難。

首先，我先陪伴孩子與家長回顧最近家裡發生的改變。在一些家族治療的理論當中，認為產生「問題」的人往往只是反映出家裡的狀態。我們把家庭當作是一個巨大的機械時鐘，每一個人都扮演這個機械時鐘的一個齒輪，當這個名為家的時鐘開始滴滴答答的走動時，需要每一個齒輪都能夠善盡職責。但是有些時候齒輪可能會生鏽，彼此之間也可能會因生鏽而失去了潤滑，甚至是卜死，當家庭關係逐漸無法配合上時，時鐘便會產生問題，最後甚至就此停下來，彼此都卡在自己的位置，卡在自己的想法中。

也許家庭正在面對改變，這個改變可能是彼此的節奏不一樣了，有一個齒輪落拍了，有一個齒輪卡住了，也因此當原本平衡的家庭關係有所變化時，孩子就宛如敏銳的雷達一樣，很快就接收到我們並沒有特別表達出來的徵兆。也許是彼此口語上的變化，也許只是孩子感受到上下班時間的改變，也有可能只是我們說話時的口氣變得比較不耐煩，這些家庭氛圍微不足道的改變，都有可能讓孩子的心情受到巨大的波動，而越是敏感的孩子，越能夠感受到這樣的波動。

從這位孩子最近的家庭變化中去看，雖然目前爸爸正在轉換工作，但應該不是影響孩子情緒的最主要原因，在孩子也說不清楚自己為什麼會有夢魘的情形下，媽媽尋求了「收驚」等方式，希望能夠陪伴孩子解決她目前碰到的問題，但是事與願違，孩子還是會在睡夢中受夢魘侵擾，苦的是在身邊一起睡覺的姊姊和媽媽，成為她惡夢時拳打腳踢的受害者。

將孩子的夢境具體化

如何將看不見的夢境給具體化？是我在思考如何陪伴孩子克服的核心目標。一天就寢前，我拿起了畫筆，完成了一本小小的繪本。

太陽出來了，帶來溫暖和陽光。
太陽準備下山了。
夜晚來了，燈亮了。
深夜來了，燈要暗了。

隔天，我找了段時間要孩子到我身邊：「這是一本需要妳和我一起完成的書，妳可以幫我一起完成嗎？」孩子笑著點點頭，當我唸

睡覺的時候會不會擔心怪獸偷偷跑進來。

到這裡後，我希望孩子能幫我把主角畫上去，這個主角正準備跟怪獸一起玩，孩子拿起畫筆，不一會兒就把畫面完成了。

我問孩子：「這位小女孩叫做什麼名字呢？她又說了什麼呢？」

小女孩笑著對我說：「她叫小咪，她說等我一下！」

可能會夢到春天的毛毛蟲，
還有好多好多美麗的花，
花凋謝了，種子偷偷長大，
蛹羽化了，蝴蝶翩翩飛舞。
種子散落一地，等待明年春天，
蝴蝶生完卵，期待明年的小寶寶，
蝴蝶落下，讓螞蟻搬回家過冬，
春天來了，毛毛蟲又變回新的蝴蝶，
種子又開了新的花朵。
但是每天，我們都會被好好抱著，
外面有颱風、有下雨，
我們都會被溫柔的抱著，

那就，找他一起在夢中放風箏吧！

好溫暖，好溫暖。

（畫蝴蝶的原因是，曾經在孩子夢醒後問她剛剛夢到什麼呢？孩子只說自己夢到蝴蝶，或許蝴蝶本身有什麼特別的意思，但我選擇讓蝴蝶成為故事的一份子。）

我再畫了一雙大大的手，孩子畫小咪被手緊緊地擁抱著，如果小咪是她的投射與象徵，那這雙大大的手便代表著她所擁有的愛，這來自於父母、老師，這份愛現在要陪伴她面對眼前的挑戰。

小孩這時笑著跟我說：「你為什麼對我這麼好？」

這時她的身分也許是替代小咪說出來，或是她自己當下的情緒與感受，但是無論如何，這份關係都是陪伴孩子克服夢魘的最好動力，當孩子感受到被愛時，內心自然也會產生出自癒的能力。

「因為我好愛好愛妳！」我說完後，把這一句她說的話和我說的話寫進故事裡。

我們有好多愛放在心裡，
放在白天，放在晚上，
放在玩的時候，放在睡覺的時候。

當孩子畫完女孩與旁邊的顏色後，我在中間用藍色畫了一朵玫瑰花，在旁邊寫上：

還有一朵不要害怕的玫瑰花，
幫小咪好多事，讓小咪快一點睡著。
所以，
寒風、大雨、晚上、深夜，
都不用擔心，也不用害怕。

共同的作品完成後，我要孩子幫這本繪本取一個名字，「咪咪」孩子笑著說。

「從今天開始，在睡前妳都可以請媽媽唸一次《咪咪》給妳聽，當妳會擔心睡覺或是怕自己會作惡夢時，妳也都可以唸一次這本書。

與孩子共同完成的作品《咪咪》。

我相信妳會跟裡面的小咪一樣，越來越勇敢，也越來越有力量，好嗎？」

孩子笑笑著點了點頭，然後跑著把書帶了回去，接下來在媽媽來接她時，我跟媽媽說了同樣的話，在這之後，孩子就漸漸克服了夢魘的問題。

這是奇蹟嗎？我想這就是「愛」帶來的力量。

成為支持孩子的力量所在

夢境本身是一個我們難以踏入的地方，對於孩子在睡夢中夢到什麼、害怕什麼，老實說，我們並沒有一個明確的藥方可以幫助孩子立即克服，因為受困的是心，甚至是他的潛意識，這些都非我們可以親易踏入的，但是我們又為何要踏入呢？我們可以成為孩子情緒的支持、成為汪洋中的浮木，依照人類天生的自癒能力，自然可以從這樣的支持中得到力量，而狀況的改善就來自於這份力量。

因此，我們以彼此的關係為出發點，成為她改變的基石，在繪本故事的設計上，我們需要考量到孩子可能擔心的事情，或是孩子所面對的困難。然而我們要幫助她去創造出另外一種結果，一種不同於現在被惡夢侵擾的結果，她開始跟惡夢對話、遊戲，而她也在過程中成為一位有能力的人，她可以為自己的化身「小咪」繪畫形象，甚至是讓她被緊緊的抱著。孩子在繪畫的過程中，自己也感同身受，因此她說出了「為什麼你對我這麼好？」這句話，而「愛」就是我們可以給予她的答案之一。

當孩子一同把作品完成後，自己的內心可能也就因此獲得力量，至於每天睡前的再唸一次，就是讓她每天加深印象，深刻地感受到自己是被愛的，而這份愛甚至可以把惡夢變得與眾不同。

以畫畫、說故事，幫助小小孩

當我們在家裡的時候可以怎麼做呢？又可以應用在哪些情況呢？

基本上，對於孩子所面對的困難都可以使用，有些時候抗拒的反而可能是我們自己，我們會覺得自己畫得不好或是認為自己不會講故事，這些狀況無形中限制了我們跟孩子一同創造一份故事的能力。

如果覺得不會畫畫，那現成物就可以是我們的好幫手，可以利用剪貼、影印甚至是照片或貼紙等方式來跟孩子進行創作，就好像繪本《查理與蘿拉》系列（像是《我絕對絕對不吃番茄》），作者以大量的現成物作為他創作的媒材，因此不要在一開始就限制了自己，生活中的每一樣東西都可以協助我們完成目標，重要的不是畫得多美，而是我們的心在創作時如何彼此交流。

設想一下，如果我們覺得畫面要美才是好，我們在畫畫的過程中會出現什麼狀況呢？我們會不會過於關注畫面，進而失去了關注孩子當下的感受？或是要孩子擦掉甚至是重畫？如果變成這樣，原本彼此深心交流的機會就戛然停止，孩子甚至可能關上他心中的門，因為我們只看到自己，而忽略他真實的想法。

故事敘說進行不夠順利時，我想可以藉由跟孩子討論來達到原先的目的，我們或許不是天生的說故事高手，甚至很多時候因為外在的環境壓抑、比較而讓我們失去了說故事與作夢的能力，但是很多孩子並非如此。他們雖然還深陷於困難之中，但是這難題卻無法限制住他們內心說故事的能力，因此我們可以順著孩子的想法與想說故事的心往前走，讓我們自己成為孩子的手與口，幫助孩子記錄下他所說的一切，而這些也能夠幫助他之後再次回憶。

無論我們使用什麼樣的方式幫助孩子，背後都代表著我們對他的愛，我們陪伴他一同面對的過程，一方面是給予孩子的精心時刻，一方面也是服務的行動，將愛灌注於彼此的關係之間，而孩子也因此從愛去獲得改變。

透過書寫的方式，幫助大小孩

那如果是大一點的孩子呢？

我們是不是還有類似的方法可以幫助他呢？

一位媽媽找我幫忙，最近因為媽媽換工作，孩子開始有一些情緒困擾的問題。孩子每節下課都要打電話給媽媽，如果媽媽沒有接電話，孩子的情緒就會有很大的波動，在課堂上時，如果遠遠聽到救護車開過的聲音，他甚至會放聲大哭。

情緒就像是裝滿的水盆，輕輕一點的風吹草動都能夠讓他滿出來，媽媽帶著孩子去找精神科醫生幫忙，但是醫生給藥的協助無助於事，孩子的情緒依舊、擔心依舊。

我跟媽媽說：「不如跟孩子一起去買一本漂亮的筆記本吧！」

接著再和媽媽說明原因：「一本跟他一起挑選的漂亮筆記本，然後跟孩子的老師說明，如果孩子在學校有擔心的情緒時，可以隨時拿出來寫在筆記本上，孩子在學校對於媽媽的想念與擔心也都可以寫在筆記本上。每天晚上，媽媽可以跟孩子一起閱讀當天在學校寫的內容，然後媽媽可以給予回應，甚至是直接寫在紙上。」

「幾天過後，我們可以帶著他回顧前幾天的情緒，包含情緒發生的原因、當下解決的方法，他擔心的事情以及之後有什麼樣的結果，還有就是這段時間你們怎麼樣來回對談，有多少重複的事情以及有多少被解決的問題，讓他從中逐漸感覺問題有被看到，而問題不只是他一個人的，有一些問題甚至已經可以放下了。」

盛怒之下或過於悲傷的時候，我們是不是也不能夠做出清楚的判斷，甚至有些事後回想時，根本不知道當時發生了什麼事呢？當我們希望孩子把情緒寫出來，無形中便是幫助他把他的情緒給具象化，情緒本身是虛無飄渺的，當他們出現時，孩子當下又會馬上被情緒給占滿。

因此把情緒給具體化的過程，就是協助孩子把眼前的問題和想法給記錄下來，當他之後回顧，才能夠更清楚地去看待問題。而回應本身也就帶著認同、帶著接納，我們去理解他所碰到的情緒難關，且願意與他一同面對這些困難，當我們提起筆和他一同書寫時，就是代表著我與你站在同一陣線。這樣的過程一方面是服務的行動，一方面也是我們與他的精心時刻。

就算是大人也一樣，當一件事情卡住時，如果沒有寫下來、與人對話、聽聽別人的意見，我們可能也會卡在相同的情境與事件中不斷的繞圈子，人的天性讓我們在同樣的顛簸中不斷跌倒，像是跳針的唱片，跑過相同的點就卡在上面。協助看到問題以及找到現有的解決辦法，甚至是這件事情之後的發展，就如同是在老是被絆倒的石頭裝上告示牌，清楚的告訴我們石頭在這裡，而我們可以跨過去、繞過去，甚至是換一條路，可以不用再被它絆倒，因為我們知道它的存在，也知道自己有能力去克服。

回顧，便是讓他看到整件事情的原貌，孩子可能會說「你每天都遲到。」就好像我們跟孩子說：「你每次都要這樣！」此時孩子或是我們可能都會大聲反駁說：「哪有每次，上次上上次就沒有啊！」但是若沒有明確記錄，所謂的「感覺」就會在這裡欺騙了我們。我們可以試著帶著他回顧事件的原貌，這可以幫助孩子去了解他覺得我們經常沒有接電話的實況，可能是他打的時間點不適合，或是這禮拜只有三次沒接到人，是他的感覺讓他有所誤解。但是要注意的是，這都不是在確定誰對誰錯，我們要的只是讓他知道「你所關注的事情，我們之前就有注意到，而且也會一直注意下去」。

這或許是一條需要花費時間、心力的路，但是如果想像孩子現在需要的正是我們愛的支持，那這條路便不會過於難行，有一天他長大了，準備離開家了，我們可以拿著這本筆記本回憶彼此之間的愛，在青春期來臨之後，這些都會成為彼此關係的養分，我們陪伴他走過了一條人生中需要學習的道路。

陪伴孩子一同面對困難的道路也許辛苦，但是在人生旅途中，如果有一份可以放在心中一輩子的關係，那就是與家人的相處與彼此的扶持。當孩子長大了，也許時間和賀爾蒙會讓他忘記過去在我們懷抱裡的時光，但是一同經歷過的辛苦道路往往會記得更為清楚，因為我們一同走過，而我們用愛一起度過。

擁有好動特質的聰明孩子

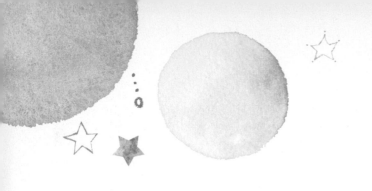

「妳知道嗎？我在山裡奔跑的時候，我有美麗的大角，我有……」

「所以，即使大角掉了你仍然被我抱著不是嗎？」

「但是我曾經在山裡是山林的王者，我有好高好美的大角，我希望妳看到……妳可以知道我並不是現在這樣。」

「不管是這樣，不管是那樣，我都把你深深地放在心裡，會給你好多好多的擁抱還有好多的關心和溫暖，角會掉，但是我永遠不會掉。」

然後，

沒有任何的對話，剩下的只有溫暖的擁抱，

有了解、有支持、有滿滿的愛。

他／她，其實不壞

某一天下午孩子們午覺起來，我找了兩位大班的孩子一起到幼兒園的菜園，拿著鏟子、桶子在旁邊的排水溝挖取因為雨水沖刷而淤積在水溝裡的細緻泥土，他們一面仔細並專注的挖著泥土，一邊挑掉在土壤中的大小石子、樹枝等雜物。

我準備了兩個中型花盆，兩位孩子把剛剛挖起的泥土細心的鋪在花盆裡，接下來我為他們選擇了適合的草莓種苗，他們興奮地接過手去。

「草莓是很脆弱的植物，在種的時候，你們要小心翼翼，一步步仔細的慢慢來，這樣你們就有機會吃到自己種的新鮮草莓了。」當我這樣跟孩子們說完後，原本動作很大的兩個人放慢了手的速度，小心地按照我的指示在盆栽裡挖了一個洞，把種苗放進去後，仔細的將土鋪平，然後開始幫他們自己種的草莓澆水。

一位孩子說：「水不能太大，不然草莓會淹死的。」聽到之後，另一位小心地把水開小小的。

他們兩位在班級團體討論或說故事的時間，常常沒過多久就躺在地上，或是在位子上扭來扭去；老師才剛把等下要做的事情說到一半，他們便搶著起身要去做，因而沒有辦法把事情給按部就班的做好，往往弄得一團亂。

在園所內經常因為橫衝直撞而撞倒周圍的孩子，或因為生氣而把別人推倒造成受傷；也常因為喜歡逗弄別人、追逐別人，使得其他孩子不想跟他們一起遊戲而跑來告狀。當下他們或許會低著頭聽老師告誡，卻在老師放手後又馬上犯了同樣的錯。如果能夠仔細聆聽老師的話還是好的，大多時候他們還是處於高昂的情緒中，根本不知道自己犯了什麼錯，只是不斷地希望可以趕快下課，讓老師傷透了腦筋。

難道就只能看到他們的缺點嗎？在我的眼中，從另外一個角度上看來並非如此。

看見孩子與眾不同，美好的一面

幼兒園內，年紀比較大的哥哥、姊姊要負責照顧年紀比較小的弟弟、妹妹。我們發現孩子在照顧妹妹時，往往表現出他細膩的一面，一下在妹妹身後推著車、一下細心的幫她擦鼻涕、一下又帶她去尿尿，當妹妹哭的時候，原本粗枝大葉的他會抱抱她、要她不要難過，即使很多事情他自己也做得不好，但是他仍很努力地扮演好大哥哥的角色。

另一位孩子雖然經常因為橫衝直撞而犯錯，但是當老師指正他錯誤的地方時，他能夠跟老師認錯，即使要他因為一些小步驟偷懶而全部重做，他也願意一次又一次的把事情重新再做一次，直到做好為止，並且在結束後跟老師鞠躬說聲謝謝。

我不禁要問：他們真的有這麼不好嗎？他們會是大家經常認為的過動孩子嗎？還是他們有其他更多的可能，只是需要大人給予更多的接納以及協助呢？

以老師的觀點來看，他們兩人在孩子氣質中所呈現的高活動量、高情緒強度與低專注力，確實與注意力缺陷過動症相似，使得老師有時候會懷疑，他們的行為是不是來自於注意力缺陷過動症，但是當我們停下日常生活的忙碌並仔細觀察後，就能發現他們並非總是呈現好動、高活動量且不專注的模樣。

在有興趣的主題上，他們能夠保持長時間的專注，對於大人提醒的事情願意接受並且仔細做到，即使一次次的失敗仍然不懈怠，並且不斷要求自己和自我提醒，因此相較於從高活動量、衝動、不專注的觀點之外，我們是否能以此不同的角度來審思孩子的特質？以往即便我對於台灣現行的過動判斷標準感到迷惘，卻也沒有機會去發現真的原因。直到多年前，一位孩子讓我對於這些經常被認為是過動兒的孩子有了不同的看法。

這位孩子在入學前，家長與老師們說明他正在進行過動的診斷。剛認識孩子的時候，可以看出他確實在很多地方符合注意力缺陷過動症的要素，上課無法坐好、搶著發言，或是上課時在班級內遊走，午睡時吵其他的孩子睡覺，容易與周圍的人產生情緒很大的衝突，那時經常聽見爸爸媽媽分享孩子在家裡跟媽媽吵架的狀況，他大吵大鬧以至於鄰居都敲門關心，而爸爸則是得從上班的地方趕回家收拾殘局。

但我們亦能從孩子的其他表現中看出他的優點，像是他對於自己有興趣的事情可以長時間專注在上面，在需要觀察與創意的活動上，有他在的小組往往能夠比其他組探索出更多東西。

從一次偶然的經驗中，我發現孩子雖然不到六歲，卻在沒有人教導下會做數學的運算。一天我詢問全部的孩子，如果班上要分成兩隊時，一隊應該要有多少人，在一陣胡亂猜的同時，我注意到孩子眉頭一皺，手指似乎正在計算著什麼：「15人！」他大喊出來正確答案，我接下來又問，但是今天班上有兩個人沒有來，所以一隊應該要變成幾個人，孩子不假思索的馬上說出「14人！」

這引起了我對於他數學能力的興趣：「一個農場裡面養了四隻牛、五隻雞，那農場裡現在有幾隻腳呢？」當我丟出這個問題給他，只見他又開始皺著眉頭，用手指幫助他計算著，平常總是衝來衝去的樣子不見了，取而代之的是思索問題的專注，大約七分鐘過後，他跑了過來：「26隻腳。」這個時候，我已經可以確認他的能力了，之後我也以公車上有40隻腳，所以總共有多少人的方式，去看看他到底能夠計算出多少問題，他沒有讓我失望，不一會兒總是會給我標準答案。

當我詢問他怎麼計算時，可以發現他並非使用九九乘法表，而是慢慢去推敲和建構出答案，這並不是是爸爸媽媽特別教導，而是孩子在生活中逐步建構出來的能力。因為這樣的問題不單單需要計算的能力，更需要對於老師口述內容的理解，以及如何運用到計算的推論能力，想想就算是我們大人，在聽到應用題時仍需要花時間想想題目所表達的意思，一位不到六歲的孩子能夠在老師口述後就能夠想出計算方法並實際操作，這是再多的訓練都很難達到的，因為按照兒童發展來說，要理解這些東西還嫌太早了。

又有一天，當其他孩子都在專心吃點心時，他在外面一直不斷的踢著自己的拖鞋，一次又一次。

「怎麼了呢？」

當我詢問他時他停下來跟我說：「我正在實驗怎麼樣的踢法可以讓這個拖鞋踢得更遠！」

這樣的孩子是不是在挑戰著現有的環境與制度？現有的學習與教學領域是否太過於以有問題作為導向，而忽略了孩子隱藏在背後的優點？我們看到的好動，是否可能是上課的內容他早已了解，吸引不了他的興趣？我們看到的注意力不專注，是不是有其他更吸引他注意力的事情呢？這些都需要我們用更多的耐心去好好思考！

因材施教，才能天生我材必有用

針對好動型的定義：為活動量大、情緒反應較為強烈、比較不易集中注意力，適應度及趨近性都還不錯，遇到困難的時候比較容易放棄。前述三名孩子在氣質上呈現出好動型的氣質，擁有較大的活動量以及較為強烈的情緒強度，在班級的靜態活動時往往難以專注，卻能在他們有興趣的領域上擁有截然不同的表現。

現今一些研究發現，資優兒童與過動兒擁有相類似的特質，他們都有社會和學習方面的困難，甚至包含了在學習上的專注問題（Webb,Gore,Amend & De Vries, 2010）。

過往認為聰明絕頂的孩子表現出來的，可能是符合社會期待的正向行為，在班級學習中碰到的問題一定少很多，但是在研究中發現，他們卻可能因為對於所學習的內容感到無聊、缺乏成就感而表現出躁動的行為，也因此很容易被誤判為過動兒。

國外一項針對48位孩子進行的研究發現，資優與過動兒在學齡前的階段，很容易有被誤診的情形發生（Hartnett, Niall,Nelson, Jason, Rinn & Anne, 2003註1）；亦可能因孩子在某些方面的發展，其成熟度未到達同年齡孩子的平均標準，導致孩子在活動進行時出現無法專注，甚至是類過動或衝動的現象；當我們帶孩子至醫院或相關單位進行檢查、鑑定時，孩子也有可能因為排斥所造成的對立或違抗等行為問題，導致當下的診斷偏誤，甚至其他障礙、反應都有可能被誤認為是過動的表現（作者：Leonard Anderson Swedo;Henrietta L.Susan）。

例如孩子可能會有天生尚未被檢查到的聽力或視力問題，當我們在說話時，他會需要尋找到適合的位子，但是這個時候可能就會被認為他是無法坐定，進而導致人們對孩子有了錯誤的認知。因此，面對每一位孩子，我們都應該要特別小心，尤其是面對擁有缺乏專注力和高活動量特質的兒童，不能以單一標準作為判斷的因素。

當我與很多幼教老師們討論時，他們在現場的觀察確實發現不少擁有這種特質的孩子，對於這樣的孩子老師常常會覺得兩難，一方面看到他的長處、特點，但是在班級活動中卻又常常被他影響，強烈的能量與情緒對老師來說是莫大的壓力，因為他的能量可能會引發連鎖效應，處理不好時整個班級便會鬧哄哄一片。更何況要如何與家長說明，又如何與家長建立起互相合作的關係呢？

我同時想起身邊的一個例子：

我求學時的一位好友，從他過去的回憶中發現，雖然成績不錯，但是容易與人衝突，在情緒上很容易被挑起，甚至也曾經被認為是過動。在我認識他的時候，同樣也常感受到他情緒的波動，他也確實比較容易衝動的去做事情，但是在某些時間裡他卻能夠比別人更專注，學習效果也更好。舉例來說，同樣是準備考試，即便我平常都有在上課讀書，但是相較於前幾天才開始讀書的他，往往是他考試成績比較好，甚至考碩士班時，他幾乎每考一間就上一間，這與他平常的表現落差很大，也讓我反思擁有這樣特質的孩子，其實只要能夠得到足夠的支持與鼓勵，他們的發展與成就則無可限量。

眾多的原因都讓這些孩子變成弱勢中的弱勢。然而是否有適合這些孩子的教養方式呢？在整理一些資料後，我大概區分出以下幾個教養原則與運用：

傾聽、鼓勵與立即性的回饋

1. 傾聽

即使是過動兒，孩子研究亦認為「運用有效的溝通技巧」，並給予孩子選擇的機會，能有效的達到輔導效果。當我們以此經常、即時性的給予回饋，甚至是加強或加重對於他行為的回饋；並且轉變以鼓勵和輔導的語句對待孩子後，對於他在過動、注意力不集中、行為對立、情緒調節和解決問題，以及社交能力上都有所提升（S Oord, S., Bögels, S., & Peijnenburg, D., 2012註2）。

以孩子充滿能量，卻因為能量充沛而影響生活這點來看，我們如果不能有效的傾聽孩子的想法，或是去傾聽他想表達的意思，便很容易誤解他的感受或行為的目標。傾聽之於我們彼此的關係，事實上就是我們對孩子敞開心胸，同時也將自己全然的放開，以更積極的態度去處理所遇到的問題，而這也是為孩子展現出一個如何傾聽別人、了解別人的機會。

對於具有這樣特質又屬於學齡前或低年級的孩子，他們的腦袋就像是F1賽車在奔馳著，因此在傾聽別人話語上的能力也受到影響，我們可以在平常就花一些時間傾聽他的想法與感受，在這同時可以回饋一些想法，重要的是，回應時不要急著下評價，或給予負面的語句。應該要讓他感受到「我們很重視他所說的」，我們也敞開心胸要了解他的感覺，讓他在我們面前可以安心袒露內心的想法。這對於此類型的孩子們來說顯得格外重要，因為他們的內心很容易受到外在事件或是感受到情緒波動而被挑起，我們傾聽的當下就是幫助他宣洩內心產生的漣漪，也能因此更深入他的內心，給予他一個安全的避難所。

要注意的是，傾聽並不代表全然被他牽著鼻子走，了解並不代表肯定他所有的事情，我們的傾聽與回應，不完全是順著他的想法，應該要同時帶著一些我們自身的觀察與發現。這樣的問題事實上經常在我們的教養過程中出現，我們知道要同理與認同孩子，但如果只是順著他的想法走，會讓我們也困在他的情緒迷宮裡。

假設今天孩子回到家時，把東西一丟然後說他明大不想上學。我們應先傾聽他所說的事情，然後再針對他所說的給予回應。

「我覺得上學太無聊了，每天都在做一樣的事情。」

「聽起來你覺得上學太無聊了，是因為你認為每天都在做一樣的事情。」

「對啊！我才不要上學，東西都太簡單了！」

「聽起來上學太無聊、東西太簡單跟每天都做一樣的事情，讓你真的很不想要上學，除了這些事情之外，還有什麼事情是會讓你不想上學的呢？」

我們傾聽孩子說的事情，協助他與我們了解現在孩子所碰到的問題，有些時候我們會太急著要給予建議，或是覺得這沒有什麼，但是當孩子說他覺得太無聊或是東西太簡單時，這可能就是他會在課堂上走動，去打擾其他孩子的原因，因此我們聽得越多就越能夠了解他現在所碰到的問題。

「我覺得老師不喜歡我，同學也不喜歡我，我就生氣的把東西弄得亂七八糟，然後老師就罵我同學也罵我。」

這時候我們知道了，他今天在學校碰到了挫折，如果我們聽到的是他把東西弄得亂七八糟，當下可能會回：「活該！老師罵得好。」或是「你看看你就是這樣的壞脾氣！」當我們這樣回應時，便是把孩子打開的門給重重關上，甚至像是用力甩了他兩個耳光一樣，孩子沒有辦法學會好的情緒控管方式，他也會因此學習到我們負面的語句，或是因此建立負面的價值觀。

當然，有時候我們可以從其他地方先切入。

「可以跟我說，為什麼你覺得老師跟同學都不喜歡你嗎？」（先不急著處理行為，我們可以展現出還想多了解你一點的氛圍。）

接下來孩子可能會跟我們說一些生活中發生的事情，這時我們要專心的聆聽，有時候也回應孩子的感受與問題，藉由這樣的對話逐步了解孩子的想法，當孩子感覺到他的想法被重視時，我們才能逐步帶領他想想其他可能的結果，或者類似事情的不同結果，陪伴著他去思考可能的方向。

我們不批評也不全然被他的情緒帶著走，有時我們會失去自己的立場和想法，忙著處理他的情緒，忽略了我們同時也是帶領他向前邁進的力量，如果我們卡在他的情緒中，或是我們心中只想呵護他的情緒與感覺，那這樣的傾聽方式是無法帶領他走出新的方向，我們也會發現需要花費大量的力氣，卻總是在同樣的情形上打轉。

2. 鼓勵

能以正向言語鼓勵，並給予孩子支持，相比對孩子的行為採用負面態度，在改善兒童的行為問題與建立正向行為上更為有效。

我們對於孩子的回應就像是一面鏡子，反映出他在別人眼中的模樣，當我們以正向的方式鼓勵他時，便是告訴他我們重視也在意他，而這就是孩子改變的契機。對於充滿能量又富含創意的孩子，他們的腦袋跑得很快，很多時候他們的手腳會動的比腦還快，當我們發現時，他早已忘了生活的規範，因為他早就沉浸於喜愛的事物當中。

我曾帶著孩子們用蠟筆拓印生活中的事物，當大部分的孩子在嘗試拓印桌子、地板或我準備的葉子，還在安全的地方嘗試時，男孩一溜煙的跑到牆邊開始拓印牆壁，幾位孩子被他吸引開始拓印牆壁後，他卻又換了在拓印椅子，接著是剪刀、尺、鉛筆，各式各樣的物品在他眼中都成為他實驗的場所。

「我看到你很認真的在做實驗，很多孩子因為你的發現而開始會去實驗不同的東西，你就像是小小研究員，到處做研究。」

我們只是陳述一件我們看到的現象，但是這句話便展現出對他行為的認同與鼓勵，對孩子來說，也許平常有些時候他會經常被我們提醒，但是在這個當下他是被看到的。如果孩子因為他充沛的能量或是敏銳的觀察力而變得很容易分心，我們可以在他開始專注的時候輕聲跟他說：「我看到你現在很專心的在看一本書。」或是「我從剛剛就看到你很認真的看每一個字和每一個圖片，謝謝你這段時間讓我可以稍微休息一下，你很貼心！」

孩子專心看書的行為被增強了，也許他本來一本書看不到五分鐘，但是現在因為我們鼓勵他的行為，他這次可以看到十分鐘以上，這時我們可以繼續鼓勵他的進步：「之前你讀書看五分鐘就需要休息一下，但是今天你專心的看了十分鐘，而且還問我書裡的問題，我真的覺得你長大了。」

我們的一字一句就像幫孩子堆砌內心信心的堡壘，我們看到他了，而他也感受到我們滿滿的重視。

行為與人分開處理

我們在面對孩子的行為時，如果只看到他所產生的行為，很容易會有孩子身上充滿問題的感覺，甚至覺得孩子很糟糕或是無藥可救，但是真的是這樣嗎？孩子真的有我們當下所想像的那麼不堪嗎？

如果我們把孩子的行為，當作是一面反映他所學事物的鏡子，那他最先展現出來的，自然是他天生的氣質以及從小到大所受到的教養，氣質本身所呈現的是孩子面對周圍變化的應對方式，而他也藉此去與周圍環境互動，並且逐步進行修正或改變。

對於充滿能量又富含創意的孩子而言，他們會很明確的感受到我們對他的負面情緒，這也同樣的影響到他看待自己的眼光，當他沒有辦法以正面的態度看待自己時，我們眼光所展現出來的就會影響他的自我概念，進而影響到他面對自己的評價。

我們要麼做呢？首先可以試著要孩子把我們希望他學習和改變的行為，以他的方式畫出來，然後取一個名字。

孩子把會讓他在班級裡面扭來扭去的內心小怪獸畫了出來，然後幫他取一個名字叫做「扭來扭去」，當我們和他一起把他的行為取名字時，我們就可以比較容易把行為與人分開來處理，孩子成為被「扭來扭去」控制的孩子，而我們將與他一同處理這個問題，這會讓我們在與孩子對話時出現截然不同的結果。

來設想兩個不同的對話方式，今天孩子因為在家裡面橫衝直撞的打翻東西，看著他，我們可以說什麼呢？

「為什麼你又這樣橫衝直撞呢？我已經跟你說幾次了，我們現在要怎麼處理？」

又或是：「看來你剛剛不小心聽了『快跑』的話，所以讓你不小心把東西翻倒，我們先一起來把東西撿好，然後想想之後要怎麼樣讓你自己不會被『快跑』給影響。」

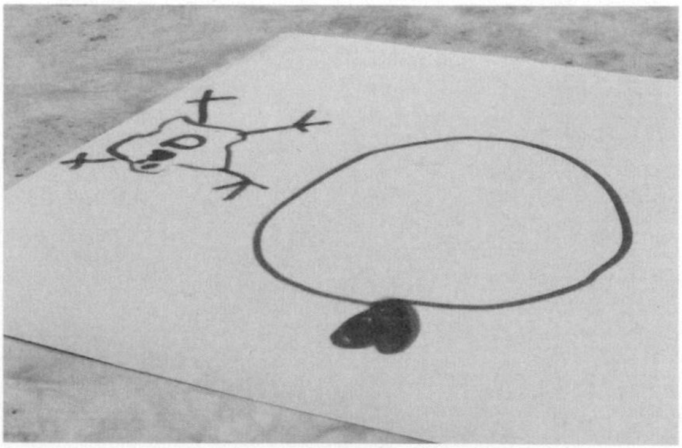

孩子畫的「扭來扭去」小怪獸。

不過是換一個說法，但是對孩子來說他感受到的卻大不相同，就算將第一種的說法換成：「因為你橫衝直撞才會把東西撞倒，現在我們一起把東西撿好，然後想想怎麼樣下次才不會橫衝直撞。」也會覺得，第一種說法就好像是指責著孩子，要孩子去尋找解決錯誤的方法，但是將行為與人分開處理後會顯得比較沒有那麼刺激，自然也會減少彼此之間的衝突。

如果想更加深效果，還可以怎麼做呢？那就把正面的形象放在孩子身上吧！

當我們把孩子需要面對的狀況一一對孩子釐清之後，我們就可以開始針對一些問題去設想解決的方法，可以設計一個正面的形象，這個正面形象可以伴隨著孩子需要面對的問題讓他一同參與，原本讓人備感壓力甚至是被質疑的行為目標，現在變成了有趣的小遊戲，孩子從被動的受教者，有機會跟著大人一起面對自己的改變，孩子可以從中學習自主，慢慢一步步的學習如何成為自己的主人。

這是一個我與孩子一起進行的變身超人計畫，項目看似很多，但是我們將這些項目變成有趣的裝備，孩子學習著改變現有的行為，藉此得到屬於自己的裝備。他開始學習著不要聽「跑來跑去」、「扭來扭去」或是「愛哭哭」的話，他能夠想辦法去面對這些會讓他碰到困難的小怪獸，家長從指

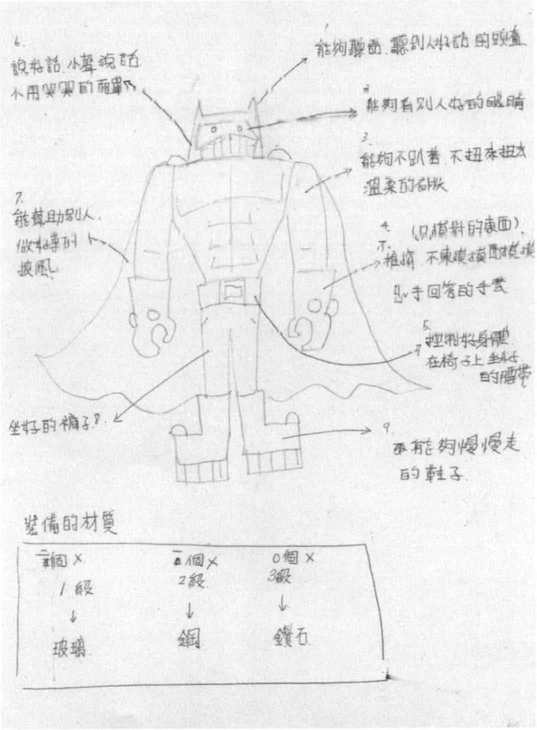

孩子的變身超人成長計畫

導者變成了一個陪伴者，我們陪伴著他一起闖關、過關，當他得到一個裝備的時候，代表他獲取了一個新的能力，此時的他，就像是一位真正的超人。

我們也可以藉由一個簡單的表格來協助孩子看到自己的改變，有些人會覺得家裡貼上表格好像很行為主義，孩子好像被監控的小動物。但其實不完全是這樣，因為人對於生活中不一樣的經驗才會有比較多的記憶，就如同夜晚的煙火會讓我們更容易印象深刻，因此孩子也許一整天都沒有讓我們提醒時我們不會有特別的感覺，但是只要他不小心打翻了水，那我們可能會把前幾次的行為都扯在一起，久而久之在任何人心中都會覺得——自己的好沒有被看見，我做多少好的事情都不會被看到，但是只要我一做錯，之前的壞事就會被拿出來說，進而產生無助感。

我們可以將孩子命名的小怪獸排列在表格的左方，並以正向的方式做記錄，例如：以上頁變身超人圖來看，孩子如果在吃飯的時候能夠坐好、專心把飯吃完，他就可以得到一個超人褲子，或是當他面對挫折時他能好好的與大人溝通討論，那他就可以得到一個超人面罩。

一開始施行時，我們大人要努力去「發覺」孩子的進步，甚至在他即將要進步的時候就鼓勵他，讓他知道自己是被看見的，像是過往每天打開家裡的大門時，他都會大呼小叫的衝進門，活脫脫是個被「大聲妖怪」給控制的孩子，但是今天在他剛把門打開的瞬間，我們馬上就接上一句。

「我看到你今天沒有被大聲妖怪給控制，我想你已經正在努力跟他說再見了！」並且立即幫他在今天的表格加上了相對應的圖案。

當下孩子感受到的會是自己被重視，原本要張開的嘴或許就會收斂很多，即便還是有一點聲音，我們也可以說：「之前你被大聲妖怪控制的時候總是很大聲，但是我今天有發現你小聲了一點點，我想你也正在努力跟大聲妖怪說再見，而我相信你一定做得到，當你有需要的時候，我也會陪在你身邊跟你一起努力的。」我們把孩子與我們拉在一起，把行為與他分開，這樣我們便可以一同站在同一陣線，一起努力。

家庭目標圖

	星期一	星期二	星期三	星期四	星期五	星期六	星期天
扭來扭去							
跑來跑去							
愛哭哭							

當我們從語言或是行為，甚至表格上都可以讓他感受到我們重視他的改變時，這樣的改變就不需要利用禮物、獎品等物質性的增強物，我們是用鼓勵、看重以及與他同行作為陪伴他學習的最好立基。

人際關係、溝通技巧訓練與提供正向的角色典範

隨著年齡的增長，孩子會逐漸碰到因為細故而不喜歡跟他玩的朋友，有時他們會因為太急而讓其他孩子不舒服，也有可能是他們在情緒控管上還需要學習，這也會影響到他們的人際關係，因此需要接受溝通技巧培養與教導，讓孩子擁有適當的溝通方式，爸媽也需要對孩子示範溝通技巧，並從本身的教養方式開始調整。親子關係會影響孩子的自我概念、內控訊息及情緒穩定度，當雙親展現出正向態度和有原則的管理、有預期的行為準則等方式時，自然形塑積極自我概念、內控信念等的發展。

換句話說，我們必須教導孩子如何跟其他孩子建立關係，孩子必須學習該如何表達自己的想法給他人知道。如果他因為情緒較為敏感而容易有大起大落的反應時，我們可以試著教導他以畫卡片、寫信等方式讓他表述自己的想法，因為溝通的方式並非只有一種，擁有好的溝通能力比很多做事情的能力都還要來得重要。

當孩子還不會寫字時，我們可以讓他用畫圖、剪貼，甚至是做摺紙等方式去完成一個禮物，而我們可以一字一句的試著陪伴他琢磨出適合的文字，並幫助他書寫。孩子會從中學習到不同於語言的表達方式，並且建立起他與其他孩子的友伴關係，而我們就是在幫助他建立起人與人之間的人脈關係。

更重要的是，我們需要表現出一個正向的角色典範，如果今天孩子犯錯，我們就只是大呼小叫的責罵，那孩子就只會從我們身上學習到大呼小叫的互動方式，當他角色替換的時候，他就只是將從我們身上學習到的模型應用於與他人相處上。當然我們與他並不相同，他與其他孩子的相處情形也與我們與他的關係不同，我們也許希望展現的是教導，但是他放在人際關係中所呈現的就會是爭執。

如果我們知道孩子是充滿能量又富含創意，那我們就要知道他的情緒能量也會像是這樣被充滿的，我們要記得自己不要在情緒當頭處理事情，或是我們應該在情緒還未到達頂點時就處理事情，我們可以表達出堅定的語氣，但是不責備、不評價、不攻擊，展現溫暖，但是我們仍可以有對於他的堅持與教養的想像。

當他犯錯時，可以把他叫到身邊，輕輕地告訴他：「我知道你也很難過，我也因為你的難過而感到難過，現在我想要跟你一起想辦法把這個問題解決，當我們這次學會了，下次就比較不會犯這樣的錯了！」在話語中展現出愛與包容，我們了解他而且相信他的能力，而這樣的養分就會待在他的心裡，當他碰到問題時，我們所建立的正向角色典範，就是協助他走出人際衝突的明燈。

「建立界線」、「一致性」與「提供選擇的機會」

「建立界線」、「一致性」與「提供選擇的機會」是教養上非常重要又普世皆然的教育守則，對於這類型的孩子來說更是如此，我們的教養態度與方式會成為他們依循的管道，當我們發現他會不斷在不同場域中轉換出不同的態度、問題時，我們就應該檢視目前各個場域中所碰到的界線與一致性等方面的問題，然後試著告訴孩子說：「之前有一些規則不太一樣，讓你有時候會不小心犯錯，真是對不起，從現在開始一切都會盡量一樣，而我也相信你知道一切也都應該一樣，我會陪伴著你一同學習。」此時我們不去挑出他在不同情境時改變的可能原因，我們接納也接受他有些時候的小越界，但是也要讓他知道我們已經覺察了一些事情的改變，但是我們會陪伴著他一同學習。

也可以給予他一些選擇的機會，但是一個很重要的重點，便是我們所給予的機會是我們自己可以接受的，或是不會讓我們自己陷入兩難的局面。

比如最常見的是我們會問孩子：「好不好」、「要不要」，看似尊重孩子的想法，但是結果往往讓我們陷入困境，而且事實上孩子也沒有學會選擇。假如說孩子今天正在鑽研他很有興趣的恐龍，眼看時間一分一秒的逼近睡覺時間，他還是繼續沉浸在自己的世界裡，這時我們開口跟他說：「再5分鐘喔！好不好？」孩子點了點頭，繼續在自己的恐龍世界裡面。5分鐘過後我們又回到他的前面，想當然爾他並不會準時跑去洗澡，這時我們又跟他說了一次：「再給你5分鐘，5分鐘之後你就馬上去洗澡，要不要？」孩子又點了點頭，當下個5分鐘到的時候，我們會發現一切都沒有改變。

為什麼呢？我們不是很民主的給他選擇機會嗎？

事實上，我們給的選擇也只能說「要」與「好」，我們給予他的是「制式的選擇」——一個不開放的答案或是沒有辦法經過討論的答案，孩子自然會說要或是好，這是他們本能中滿足自己需要的方式，但這並不代表他們就有辦法對自己的決定負責任，反之，很多時候他們只是回答我們所假設的答案罷了！這根本就不是「給予選擇的機會」。

那要如何做到「給予選擇的機會」呢？

首先，要明確了解自己的底線，大人要有明確的底線，這就是大人們要堅守的界線，有了這樣的界線之後，我們才能夠達到一個一致性的標準。了解自己的底線後，接下來就要和孩子討論，在討論的當下應該要試著讓他先中斷眼前的事情，也許是抱抱他或摸摸他，要讓他把專注力轉移到我們身上，而不是關注於他現在有興趣的事情上，因為他可能太過於專心了，這類型的孩子一旦陷入自己有興趣的課題，就會忽略掉周圍很多的訊息，像是時間或我們的呼喚。

因此，可以貼近我們的身體，讓他感受到現在我們需要跟他談論一些事情，這時候可能會引起一些情緒，甚至會造成一些衝突，但是我們更不應該逃避這些可能的衝突，因為如果我們不去面對，那孩子就失去學習的機會了。

孩子正在認真研究他很有興趣的恐龍，距離睡覺時間只剩下一個小時，心理稍微盤算了一下，如果以他洗澡20分鐘，剩下的時間應該夠他結束後還可以玩一下，因此我們在心中可以允許的時間「提前」跟他說。

「你好喜歡研究恐龍，媽媽也很喜歡看到你研究恐龍，現在已經快到睡覺時間了，我們可以來討論一下嗎？」我們一邊說一邊靠近他的身邊，接著一邊說一邊輕輕撫摸著他的背。

「我們現在的時間還有一個小時要睡覺，我也好想讓你可以多看一下自己喜歡的恐龍，所以我幫你想到兩個辦法，你想一下哪一個辦法你比較喜歡。第一個方法是現在去洗澡，然後很快洗完，這樣子出來我們還會有時間；第二個方法是你還可以玩20分鐘，我會準備一個鬧鐘放在你旁邊，時間到的時候它會叫，你就要準備去洗澡了，但是這個選項你可能洗完澡之後就沒有時間可以再研究恐龍了。」

「如果你都不要上面我想的方法，那我想聽聽你有什麼方法，你說出來我們一起討論，也許就可以讓你找到一個方法可以解決這個問題，如果你真的想不到也沒有關係，我們可以先用這兩個方法試看看，說不定你下次就會想到新的方法了。」

「媽媽相信你會學習著自己做決定，而且會越來越知道如何做更好的決定，媽媽會一直陪著你努力學習的。」

是不是這樣說一次之後就有辦法讓孩子學會呢？答案當然不是，有時我們會覺得奇怪，為什麼感覺很類似的事情，孩子卻好像一直被絆倒，但是孩子感受到的其實與我們大人感覺到的有很大的不同，我們要試著從生活中的各種事件讓他有更多的機會可以學習，然後他便會越來越知道如何「類化」到生活的不同情境事件，因為我們陪伴他去練習各種事情，他也就學習到越多解決問題的方式。

最後有兩個很重要的重點要注意：

1.以愛出發，不論是好或壞的事情對於孩子的成長都有價值。

在與孩子的相處中碰到挫折與衝突並不少見，從自我中心逐漸轉變成越來越社會化的個體，需要很多的時間與經驗，如果在家庭中我們給予很多的學習機會，那他便擁有越多能夠在社會上與人相處的能力，只有保護並不是愛，而是他們成長的阻礙，因此以愛為孩子的基石，陪伴他面對生命中的好與壞吧！

2.我們不要為孩子的行為找理由。

很多家長會忙著幫孩子找理由，尤其是當我們認為孩子能力很好時，我們會在心中幫他把一些事情給合理化，幫他尋找藉口，但是這樣的方式並無法讓孩子學習到為自己負責，如果我們忙著幫他說明，那他就少了了解自己的機會了。

註1：D. Niall Hartnetta, Jason M. Nelsonb & Anne N. Rinn.(2003). Gifted or ADHD? The Possibilities of Misdiagnosis. Roeper Review, 26(2), 73-76.

註2：Oord, S., Bögels, S., & Peijnenburg, D. (2012). The Effectiveness of Mindfulness Training for Children with ADHD and Mindful Parenting for their Parents. Journal of Child and Family Studies, 21(1), 139-147.

家有害羞小麻雀

「什麼樣的話要每天都說？」

鴨媽媽問小鴨。

「我要吃飯！」、「我要睡覺！」、「我要尿尿！」、「我……我要……」

小鴨鴨搶著回答媽媽的問題。

鴨媽媽笑了，

「呱！呱！呱！」

「愛的話要每天都說，喜歡的話每天要說，溫柔的話每天要說，甜言蜜語每天都要說！」

小鴨歪著頭，甜言蜜語是什麼意思，

「是甜美的話，是有如蜂蜜般溫柔滑順的話，是讓聽到的每個人都感覺到滿滿愛的話，沒有欺騙、沒有假裝，每一句真實甜蜜的話。」

「為什麼每天都要說呢？」

「因為有一天你們會褪下原本稚嫩的羽毛，開始學習如何長大如何飛翔，在分離時，我們都沒有一點點後悔、沒有一點點的懷疑，不管有多遠跟多久才會相見，我們都說過美麗的話，好好愛過對方的話。」

每天都會發生不同的事，
有好事，有壞事，
但是說過的每句話都會變成好大的力量，
不管是晴、是雨，
沒有遺憾，讓我們充滿力量。

別強迫孩子，就連大人也會沉默、害羞

有一天，畢業一段時間的男孩回到幼兒園，雖然他害羞又不多話，但我還是有機會把他抱在懷裡，告訴他，我一直想要跟他說的話：

「不論好或不好，不論下次是進步還是又尿床，我都會好喜歡你，好愛你的幫你加油，我們一起努力，一起加油！好嗎？」

每個人都有自己的生命故事，我們可以成為別人生命的評論者、批評者；也可以成為別人生命故事的陪伴者、喜好者，我們可以一起豐厚別人的生命故事，我們也可以草草下了註解，闔上這本在我們生命中經歷過的故事，如果可以，試著加入、觀察、聆聽，給予好多好多的愛，把別人看得重要，那就是最重要的輔導和教導了。

在我擔任教職的路上，或多或少會碰到一些特別不願意說話的孩子，這在我擔任醫院口語治療工作坊的幼教師資之後，又有更深刻的體悟。

這醫院口語治療工作坊，對象是該縣市三歲以前的孩子，我的任務是設計一些活動跟家長、孩子一同進行，在過程中發現可能影響孩子說話的原因，並且與家長討論可以從家庭中進行改變的方式。

像是一位缺乏口語的小男生，與家長細細長談之後才發現，家裡很多事情讓他不需要開口說話就會有人幫忙準備好，他只要用最簡單的聲音就能夠讓一切如他所願，自然就大大的降低他說話的欲望，因此即便他的發音構造都沒有問題，他的口語能力卻大不如同年齡的孩子。

有位媽媽牽來一位女孩，女孩看到我就馬上躲在媽媽身後不悅的看著我，媽媽說：「她看到別人都會這樣，尤其是男生！像是叔叔、阿公等她都不喜歡。」在每週一次的接觸後，孩子稍微能夠接受我在她身邊，但是當我要跟她說話或互動時，她仍然會躲避，甚至是變臉，媽媽一臉不好意思地看著我，當要試圖讓孩子說話時，我總是說：「沒有關係，再給她一點時間。」

影響孩子害羞與否的原因有很多，而這些狀況都會影響孩子在我們眼中是害羞還是積極主動，這並沒有誰對誰錯的問題，單純只是孩子的性格。就好像有些大人也是比較害羞、寡言，而有些大人會勇於表達自己的意見。如果從這方面去理解孩子，我們就會知道，眼前看到的狀態不過就是人類各種樣貌中的其中一種，而我們也並不陌生，當然有些時候，我們甚至也是這類型的人，只是我們忘記了自己小時候的經驗，或是希望孩子能夠不要像我們過往那樣辛苦，所以積極的想要改變他。

但，這是大人單方面的想法，也許對於孩子來說，他並不覺得自己這樣子不好，也許他很喜歡自己這樣的狀態，也許他就是對於環境的適應比較慢，或是根本沒有這樣的問題，只是在我們面前他比較會受到限制而無法多話，當他跟其他孩子在一起時就會是截然不同的樣貌了。

因此，家裡有少話害羞的孩子時，首先要確定一件事情——他並沒有生理上需要幫忙的地方，因為如果有這樣的情形，那就不會是害羞的問題了。比如說他可能在構音能力或是認知能力上有缺乏的地方，因此他的口語自然就沒有辦法發展起來，在構音能力上，很重要的是要仰賴專業醫生的檢查，我們也可以檢查他是否真的沒有發音，他的舌頭在上下左右的移動上是否有所障礙等。

我們也可以從生活中一些簡單的互動、一些指令等，理解到孩子是否有足夠的認知能力去知道我們跟他說的意思，因為如果孩子並不了解我們說的是什麼，他自然也會缺乏能力與我們互動。

等待，是幫助孩子成長的重要一環

排除前述原因後，對於少話又害羞的孩子，可以怎麼幫助他呢？

在我過去的經驗中，我認為中班的年紀（4、5歲）會是孩子改變很大的一個契機，因為從兒童發展中，這是他開始從自我中心要轉變成群體生活的型態。過往他可能會一個人在旁遊戲，即使與他人有遊戲互動也並不深入，到了中班升大班的階段，甚至是小學之後，他便會開始想要找同儕，尤其是同性別的同儕一同遊戲，社會情懷的吸引會幫助他逐漸開始與他人互動並且建立關係，因此我們會看到有些孩子小時候很害羞，但是過了一段時間突然間整個人大轉性，由原本的小麻雀變得像是草原上跳躍的梅花鹿，一掃之前的擔心。

那要怎麼陪伴害羞如小麻雀的孩子呢？

首先，我們不要把孩子的害羞當作是一件丟臉、羞愧的事情，我曾聽過家長對害羞的孩子說：「真是丟臉，連這樣的話都說不好！」這樣的話語就像是毒藥、像是利劍，會深深的刺進聽入這樣話語的孩子心中，對孩子來說只會成為傷害，而大人不過就是發洩了自己內心的情緒，一點都幫不上忙。

我們可以做的是等待孩子說話，對於周圍的旁人、長輩，我們可以讓他們知道孩子還在學習如何勇敢的跟別人說話，希望大家都能夠接納並且給予鼓勵，這樣的接納並非是完全認為他不會說話，或是不與他互動。相反的，還是可以很自然地與孩子互動，面帶笑容與關懷，並日告訴孩子就算他不想說也沒有關係，我們都知道他可以慢慢來，等到想要說的時候我們都會聽。這可以從孩子出現與他打招呼開始，我們期盼周圍的大人可以在孩子出現時微笑著跟他打招呼，也許花一點點時間等待他的回應，即便沒有回應我們也不會給予負面的態度，而是以微笑告訴孩子沒有關係，我們願意等待。

這樣的等待本身就是一種傾聽、一種同理，想想即便我們沒有說出口，卻也可以被理解的那種感覺，那種當別人都在要求自己的時候，有人願意傾聽也願意等待的感覺，這時彼此的關係就會漸漸出現連結，孩子的害羞或心防也會在大人這樣的對待中逐漸減退，相對的孩子的勇氣也會逐漸萌生，因為他知道即便是這樣，仍然有人以愛為基石來與他相處。

我們可以使用的語句有：

「我願意等待你，當你想說的時候你都可以跟我說。」

「謝謝你聽我說，等到你想說的時候，我也會願意聽你說。」

「我很喜歡你也很愛你，我也很期待之後你可以跟我說話。」

藉由這些話語，我們將愛放置於彼此的關係中間，以愛成為彼此對話最重要的語言，如果孩子的心和小麻雀一樣細膩，那我們就像是溫暖的秋陽，輕柔地擁抱著他。

之後我們可以做的便是給予鼓勵，鼓勵他生活中的行為、表現，鼓勵他一點點的進步，鼓勵他一些勇敢的冒險，鼓勵開始做一些不一樣的事情。在鼓勵的同時，我們也要了解鼓勵並不是要求，因為知道他的界線，所以我們的鼓勵並不是在滿足我們自己的需求，而是真正的看到他的變化、努力，給予他發自內心的愛與重視。

比如說，對於這種類型的孩子而言，上台表演並不是件簡單的事情，我們會先在內心了解到他可能會逃避這樣的機會，或是上台了但是他沒辦法有動作，這時我們就不應該跟他說：「我相信你可以在舞台上跳得很認真，很專注。」因為這是他根本辦不到的事情，相對的，我們可以鼓勵他願意跟我們說他的極限在哪裡，或是看到他願意上台的勇氣。當我們這樣做的時候，是真正看到他的能力而給予鼓勵與支持，而非要他成為我們所希望的樣子，當他做得到時，擁有這樣能力的他自然就會萌發茁壯，但是揠苗助長只會帶給他負面的感受。

和孩子一起認識名為「害羞」的情緒

我們可以幫助孩子把害羞給具體化，就好像之前所說的——「孩子是被問題影響，而不是有問題的孩子」，先決條件是我們認為孩子的害羞是一個他需要克服的「問題」，但即便我們認為這是他的個人特質，也可以陪伴他一起努力，學習怎麼讓自己更習慣與人互動。我們可以請孩子把那位讓他在別人面前會不好意思的小精靈或小怪物命名，然後我們可以去思考他什麼時候會出現、出現時對於孩子的影響是什麼、有沒有什麼時候他不會出現，當孩子知道這些之後，他會了解自己是有辦法慢慢去克服自己的害羞，每當他進步一點時，我們都可以讓他知道「害羞」已經漸漸地遠離他了。

也可以讓他了解，害羞本身是自我保護的一個機制，這並不是不好的事情，也不是問題，他可以慢慢告訴自己內心裡的「害羞」說：沒有關係，我已經越來越會照顧自己與保護自己了，所以不用為我擔心，我會很安全的。當我這樣陪伴孩子時，孩子感受到的接納不只是對於他情緒的接納，更是連他的「害羞」都被人認同、被接納了，這樣的愛是包含他整個人的一份完整的愛。

當孩子還不願意說話時，可以鼓勵他用點頭、搖頭的方式來表達自己的需要，這時大人會幫他多說一點，但是有些時候可以安排一些機會讓他自己表達，無論他是用點頭搖頭或說話，我們都會鼓勵、肯定，也謝謝他讓我們知道他的需要，並且逐步按照他的情形減少幫他回答的次數，有時也可以運用要他拿給我們、比給我們看的方式來代替。

可以利用這些方法是因為溝通的方式本來就不只一種，比手畫腳、點頭搖頭等都算是一種溝通的模式，我們讓他以替代型的溝通方式來幫助他與人互動，當他願意執行時，與他人的溝通障礙自然就會減少。但是我們也要同時注意著，並不是什麼樣的事情都幫他說得好好的，甚至是都幫他想好，只要孩子需要溝通的機會越少，他克服害羞的必要性就會有所降低。

如果孩子是在外害羞但是在家裡很活潑，我們可以了解到也許是他對外的適應時間比較長，有些孩子就像是老舊的電腦，大家早就開始活動了他還在緩慢的開機，就在他好不容易開好機時大家就散了，在活動時他當然都會一直展現出害羞的模樣。

這類型的孩子，我們可以在出戶外之前先讓他了解這次的夥伴、對象有誰，讓他先有預備。一起遊玩的對象可以有一些規律，讓他逐漸習慣與他人建立關係，並且從旁鼓勵他與他人互動，但是不勉強也不施壓，而是告訴他有需要時我們都會在他身後，別人也願意等他，我們可以幫他準備他擅長的遊戲、繪本等他熟悉的情境，幫助他慢慢地與人互動，慢慢地解開心防。也許過了五次、十次之後孩子終於克服障礙，雖然漫長，卻也會是孩子成長路上的重要經驗，幫助他學習如何與他人建立關係。

最後，我們要想想，事實上生活中本來就會出現一些害羞的人，他們有些是長大到一定年紀才克服了本身的害羞性格，有些是到老都一樣的害羞，無論如何這都是人生中的一環。我們或許會因為他年幼時期的害羞感到緊張驚慌，但是拉長他一個人的生命史來看，也許這就是他的特質或是某個年紀後他就會克服，因此我們應該以接納的心，以愛陪伴他逐漸增加社會互動，讓害羞不影響他的生活，並且告訴他：

「就算你害羞，你還是被深深的愛著，而且是永遠永遠。」

家有暴怒噴火龍

「你要不要選擇更好的主人。」

鯊魚努力用眼角看著黏在他底下的印魚。

「我說，更溫柔、更安全、更……更好的……主人，我是一條鯊魚，我想，你應該會想要換一個主人。」

印魚努力抬起眼睛，看著他貼著的鯊魚：

「我喜歡你不需要你很溫柔，很安全，在我心中我相信你會是很好的主人，即使你是一隻鯊魚，你也需要陪伴和愛，需要被溫暖的心緊緊貼緊著。」

「但是我並不溫柔，事實上……我可能比較凶暴，我會吃掉其他的魚，在海底不斷搗亂，這樣子的我值得你的愛與陪伴嗎？」鯊魚一邊游一邊說著，周圍的魚看到他都一溜煙的消失了。

「會的，我認識你，不論是好是壞，是乖還是不乖，我都會黏著你，貼著你的身體你的心，跟你一起冒險，一起努力。」印魚抬著頭，微笑地說著。

每條魚都有自己的冒險，自己的故事，
看的眼光不同，也就會看到截然不同的故事，
是開心的故事，溫暖的故事，還是幸福的故事，
在充滿愛的眼裡，
即使海底再冷，都是美好的故事。

先了解孩子生氣的原因，才能真正幫助他

一位中班的孩子遇到不如意的事情時很容易發很大的脾氣，會嘔氣、會打人，像是刺蝟一般防衛著自己，刺傷周圍的人，也刺傷了自己。

他和一位孩子爭奪一台車，當我請他到我身邊一起解決這個問題時，當下就發現他有好大的挫折感，並且開始踢起旁邊的車子輪胎。

「那你生完氣，我們再來談吧！」我這樣跟他說完之後，轉身繼續做自己的事情，接著孩子就把怒氣轉移到車子上，似乎想要把車子移走讓自己心情好過點。

發現他這個狀況後，我立即和孩子說：「謝謝你想要幫忙把車子排好，我看到你好仔細地要把車子對到格子裡，你把生氣用在排車子上真的是一件很厲害的事情，你沒有讓自己被生氣給操控了。」孩子愣了一下，開始把車子慢慢的、仔細地對到格子中間，當我再轉過身來時，排完一整排車子的孩子已經愉快地轉身準備要跑去玩了。

於是我趕緊和孩子說：「謝謝你，即使生氣也越來越學會去想辦法解決，我看到你真的長大了，也越來越能夠控制好自己了。」

孩子笑了，對自己感到光榮地笑了。

類似這樣的情緒問題，在我到某個位於釋迦園裡的國小做親子繪本分享時，一位媽

媽也曾向我提到，說自己家裡的孩子很容易生氣怎麼辦呢？

當時我找了個機會詢問在場的家長：「你們的孩子如果生氣會怎麼樣處理呢？」

他們想了想跟我說：「他們會自己跑出去，不生氣就會回來了。」

我問了問底下的孩子，他們點點頭害羞的說：「對啊！我們會跑出去玩，然後晚上回來就好了。」

這與我們在都市叢林中有很大的不同，想想過往的社會是不是也是這樣，給孩子們足夠的時間與空間活動，甚至會有足夠的地方可以讓他們去「生氣」，我們不用因為擔心孩子的情緒而造成左右鄰居的困擾，也不用擔心會被打家暴專線，孩子能夠有足夠的時間與空間了解自己、與自己的情緒相處，不會只是被壓抑。

《我變成一隻噴火龍了》是台灣繪本作家賴馬的作品，在我們親子互動的生活當中，我們是不是有時候也會覺得自己的孩子像是一隻噴火龍呢？他可能會在事情不如己意的時候大吼大叫、摔東西或是大哭大鬧，他也有可能會打人、吐口水，甚至是口出惡言，不管是哪一種都會讓整個家中的氣氛變得劍拔弩張。我們可能會順著他的意以避免可能會有的問題，像是需要耗費體力、避免家中長輩不悅或是隔壁鄰居的投訴；我們也可能會跟他對抗到底，甚至是以威權的方式要他停頓下來，打他一頓讓他知道誰是家中的老大。

無論是哪一種方式，在這樣的狀況下都可以發覺這並非是最好的處理方法，因此，如果你認為自己的孩子是暴怒的噴火龍，我們要先來想想幾個問題：

1. 孩子多久會生氣一次呢？
2. 會讓孩子生氣的原因有哪些？
3. 孩子生氣的時間大概有多久？
4. 有什麼方法可以讓孩子消氣呢？

如同碰到很多問題時的想法一樣，生氣並不是罪惡也不是錯，他是人，那他就有生氣這個情緒本能，因此要探討的並不是讓孩子都不生氣，而是想想為什麼我們會這樣看重他生氣的情緒，是因為生氣的頻率很高？是因為他很容易為了「小」事情生氣？是因為他一次生氣都要花半個小時處理？或是我們找不到讓他氣消的方式，只能夠任由他發洩結束之後才能來收拾殘局？

藉由這些不同的問題去思考，當我們越了解孩子生氣的原因，才能夠越清楚的幫助孩子。

孩子多久會生氣一次呢？

對於了解孩子多久會生氣一次，我們可以用月曆、記錄表等方式來幫助自己去了解孩子到底有多常生氣，在記錄表中我們可以呈現出孩子不同的生氣強度，例如：用不同大小的動物，或是火山的爆發程度來代表不同的強度，這可以幫助我們與孩子一起了解到他情緒的表現頻率，我們可以讓他知道這不是在懲罰他、嘲諷他或是證明他是一位多麼會生氣的小孩，而是藉由這樣的過程去幫助他更加了解自己的情緒。我們可以在他的生氣情緒結束後，陪伴著他一同記錄自己今天生氣的強度，例如：他覺得今天的生氣是中等的強度，大概等於獅子，我們就幫他把獅子畫上去，過兩天生氣的強度比較高，就可能是大暴龍等，藉此我們可以了解到幾個訊息：

1. 孩子到底是不是真的很容易生氣。

對大人而言，孩子的負面情緒往往比正面情緒還要來得印象深刻，尤其是孩子與我們有衝突的時候，因此有時候我們很容易將孩子的生氣情緒給誇大，說出「你一天到晚在生氣！」、「你又生氣了！」等話語，這樣的說法沒有辦法讓孩子的情緒降低，反而更容易成為他情緒的導火線，當我們有明確的記錄時或許可以發現，事實上他頂多一週生氣一次，一個月大爆炸一次而已。想想自己，是不是或多或少也有生氣的時候，如果我們接受自己可以有情緒，那為什麼孩子不能夠在合理的範圍裡生氣呢？

2.孩子可以更了解自己的情緒。

如果我們直接跟孩子討論，他很難具體的感受到自己的情緒強度、頻率，但是我們與他共同的記錄，事實上就是幫助他更了解自己，也才能夠讓他有辦法去想想自己要如何成長。

3.孩子的生氣是不是有週期。

對我們而言，看到的往往是生氣這個現象，卻忽略了可能影響到他情緒的原因。比如孩子禮拜一、二晚上都要參加畫畫班，我們發現他禮拜三早上特別容易生氣，這時候我們就可以推斷是不是因為禮拜一、二的畫畫班太累了，讓他因此有了情緒，這時候我們就可進行調整。而目前孩子過敏的情形越來越多也越來越嚴重，尤其是在冬天PM2.5經常超標的時期，孩子可能會因為不會表達身體的不適而有情緒，當我們發現冷氣團到來之際他比較容易生氣時，就可以試著改善空氣品質，減少可能影響他生氣的機會。

會讓孩子生氣的原因有哪些？

當我們在記錄孩子多久生氣一次時，也可以試著記錄孩子生氣的原因，幫助釐清影響他情緒的因素。我們以阿德勒學派的錯誤目標來看待這個問題：孩子的情緒會不會是要獲取注意、爭取權力、尋求報復、無能化或是自暴自棄。藉由記錄他生氣的原因，可以逐步了解到他為什麼會有這麼多的情緒，比如家裡有手足的孩子，會經常在媽媽陪伴另一個孩子的時候生氣，或是當他有想要的東西時也會使用生氣的方式。藉由這樣的記錄，我們可以逐一釐清他生氣背後的原因，進而想到更好的處理方法。

如果行有餘力，可以把孩子生氣後我們處理的方式記錄下來，像是孩子吵著要吃糖就會生氣，最後的處理方式都是妥協給他糖果時，我們就可以從資料中知道，原來就是因為我們都給他糖果，才養成了他使用生氣來獲得他所要的東西。這就跟我在這本書最開始的故事說的一樣，孩子為了要玩手機而生氣，如果讓他養成這樣的習慣，那到底是孩子容易生氣呢？還是是我們讓他容易生氣的呢？

孩子生氣的時間大概有多久？

每個人生氣的時間都不太相同，生氣的強度也有所不同，我們同樣可以在記錄表上面記錄下孩子生氣的持續時間，除了可以了解孩子生氣的轉移時間要多久之外，我們也可以看到他情緒調節上的進步。

好比說，我們看到過去他每次生氣都要花半個小時以上的時間，但是漸漸的他已經能夠在二十到十分鐘後就不再生氣了，這時我們可以清楚的鼓勵他的進步，或是跟他討論他運用什麼方式讓自己不會生氣，這時原本看似不好的情緒就用另一個角度來處理了。對孩子來說，也會更容易了解到自己並非不能夠生氣，而是在生氣時有什麼方法讓自己好好的生氣，卻又不造成別人的困擾。

有什麼方法可以讓孩子消氣呢？

這與讓孩子生氣的原因最後所說的相似，我們需要了解孩子在什麼樣的幫助之下可以消氣，如果滿足他的需求之後他就會氣消了，這時要思考的就會是我們教養層面的問題。但是如果我們只需要給他一點時間讓他在旁邊生氣完，不要去刺激他就會氣消時，我們便可以在他有情緒時用更好的方式幫助他，而不會事倍功半，甚至是提油救火。因此，記錄讓孩子氣消的方式也可以幫助我們更認識他以及他的情緒。

當我們了解後可以怎麼做呢？

當我們了解到孩子生氣的頻率、原因、時間、消氣的方式之後，就可以來檢視與我們生活的關係，以及我們可以怎樣改變，就好像前述的，如果孩子生氣是為了獲取權力怎麼辦呢？

這時我們就應該要有所堅持，我們可以在孩子情緒好的時候與他討論，告訴他我們發現他這樣的現象，並且藉由明確的記錄讓他了解，接下來便與他溝通碰到類似的情形時我們可以怎麼處理，以及堅定地讓他知道，現在開始你不會因為這樣就讓他可以達到他想要的目標。這聽起來或許會有些殘忍，但是如果孩子習慣以生氣作為他獲取權力的方式，這對於孩子在與人相處上便會產生問題，我們是在陪伴他去學習更好的模式，當我們這樣想時，堅持的心就會平靜一點。

接下來不管是那一種原因的噴火龍，我們都可以慢慢配合以下一些方法，幫助他與自己的生氣情緒相處的越來越好。

站在孩子的角度思考

首先，要同理他的情緒。情緒背後都會有原因，很多的事情或許對於大人來說並沒有什麼，但那是因為我們已經遺忘了自己過去當小孩的樣子，這件事對孩子來說會是他現在生命中的大事，因為他的生命並不像我們那樣的複雜。

有些孩子會因為袖子拉不好而生氣，我們可以跟他說：「我感受到你有一些些的情緒，因為你覺得你的袖子一直都拉不好。」適時反應他的情緒時，孩子感覺到自己被同理的同時，他就會產生安全感，這時可能原本要高漲的情緒就會被減少許多。

「這個袖子很討厭，我怎麼拉都拉不好！」袖子拉不好這件事情在我們眼中或許是一件小事，但是對孩子來說他會感到挫折，覺得自己怎麼樣都做不好；也可能是他感到不舒服，卻發現自己無能為力去處理這個問題，這時生氣變成他處理問題的方式。

我們可以幫他把他的「生氣」具體化，當生氣出現的時候便會讓他出現什麼樣的行為，而我們準備陪伴著他一起跟自己的生氣當好朋友。因此對於拉袖子這件事情，如果我們已經有陪伴著他將生氣具體化的經驗，假裝孩子的生氣叫做是「火山爆炸」，那我們可以試著在一開始跟他討論的時候說到：「因為袖子一直拉不好，所以你的火山爆炸跑出來，他正在幫你一起想怎麼樣可以解決這個問題，但是袖子好像沒有辦法聽懂他的話。」藉由這樣的方式可以知道，孩子不是那個有問題的人，而是被問題給影響的個體，我們接納他也了解他，並且幫助他學習以更好的方式控管情緒。

不要吝嗇給予鼓勵

接下來我們可以對他的變化給予鼓勵，這個鼓勵是可以在一開始情緒還沒有高漲起來時就讓他感受到的，我想我們都很有經驗，真正生氣的時候耳朵是關起來的，理智也很難派上用場。因此我們應該要在孩子的情緒大爆炸之前，就先讓他感受到我們知道他的努力，我們可以說：「我有發現你正在努力跟火山爆炸說要他不要影響你，你在一邊努力的嘗試，一邊也在努力要火山爆炸不要出來，辛苦你了！」我們從一開始就給予他鼓勵，這讓孩子知道他是一直被注意的，他的情緒也有被接納，這時他的情緒自然不會太過於高漲。但是即便他的情緒還是有些波動，我們仍然要鼓勵他在過程中的努力與進步，像是他真的嘗試了很多次或是他主動的尋求協助等，這些都是他正在努力跟生氣說再見的過程，我們要讓他知道，我們知道而且看到他的成長與變化。

藉由鼓勵的方式，讓孩子知道他從一開始就被重視，他的努力也從一開始就被知道，我們不是一個監督者、等著看笑話的人，而是知道他正在學會跟自己的情緒相處，就好像我們也不喜歡生氣時的耗費體力或衝突場面一般，孩子也不是那樣願意面對生氣的尷尬場面的。因此在過程中我們同樣可以說：「我知道你還在努力跟火山爆炸分開，當你需要的時候我都會在，我真的有看到你正在努力嘗試，謝謝你。」在他的身邊一直給予他愛的能量，幫助他逐漸遠離爆炸的情緒。

我們也可以適時的給予台階、幫他想辦法。對於年幼的孩子而言，缺乏生活經驗與處理事情的方法，會讓他們因為困窘、不安而以生氣作為表達的方式，因此我們可以事先想好可行的台階，這是我們仍有堅持但他可以接受的方式，讓他不會一直僵固在生氣的情緒中，造成只有衝突沒有學習。

比如說，今天孩子因為要吃青椒而生氣，我們打從心裡知道孩子不喜歡吃青椒的原因，這時我們就可以思考，是不是可以減少他吃的量，去思考如果可以讓他吃一個就好。這個是不是我們可以接受的台階，如果是，那就可以在孩子開始有情緒時把他叫到我們的面前，眼睛看著他跟他說：

「我知道你不喜歡吃青椒，當晚餐出現青椒時，會讓你心裡的火山爆發跑出來，讓你會有一點生氣，我不想要你生氣這麼累，所以我幫你想辦法。也許吃太多青椒有點辛苦，那我想你只要吃一塊，或是你願意再多吃一點點也可以，我想這樣子我們就不會被火山爆炸給影響了，因為他沒有想到我們會有辦法來解決這個問題，而且他也沒有想到我會幫助你一起解決這個問題。」

藉由這樣的方式，孩子會感覺到自己不是完全的被限制，他仍然有選擇的空間和機會，情緒起伏的程度自然也會有所變化。

不帶負面觀點，讓孩子適時釋放情緒

最後一個我很重視的想法是，不把孩子會生氣的情緒當作是負面的，生氣本身就是人情緒中的一環，我們不能夠完全消除，但也不希望孩子是一位完全沒有脾氣的孩子。最好的方式是他能夠學會跟自己的情緒相處，了解什麼時候可以生氣，什麼時候需要緩一緩情緒，也不會讓自己被高漲的情緒占滿，而是能夠與自己的生氣和平共處，如此一來他的社會人際關係才能夠走得順遂。

因此，如果我們以生氣情緒壓抑生氣情緒，孩子會沒有辦法學會以好的方式處理他的情緒，他只會了解當有情緒時，以更大的情緒來壓抑，之後也只會使用這樣的方式，來處理自己和以後自己孩子的生氣情緒。但如果我們只以柔軟的角度去默默承受孩子所有的生氣，那孩子也會沒辦法學會以及了解到自己情緒對他人的影響，當他發現不是所有人都能夠接納他的情緒時，之後人生容易跌跌撞撞，與人相處就更為艱辛與困難了。

我們也不要認為親子衝突都是負面的影響，事實上一些爭鋒相對有時也會有意想不到的效果，像是生氣之後的互相傾訴、在眼淚中的彼此溝通，或許這不見得是最好的方式，但是在解決現有的僵局上往往會有意想不到的效果，所以即便有時不小心產生了衝突，也不要感覺到羞愧或自責，或是深怕自己對孩子造成莫大的傷害。

彼此袒露發自內心的傾訴與壓抑許久的憤怒言語，哪一個對於親子關係會比較有用？其實，親子關係害怕的不是處理，而是放著讓它發膿潰爛，改變不可怕，可怕的是我們因為害怕改變而讓他敗壞下去，孩子沒有機會學習與修正，而我們就任由他繼續錯下去。

所以，就陪伴著他一步一步的與自己的生氣相處吧！期待有一天孩子能夠不被生氣的情緒給掩埋，而是能夠成為自己情緒的主人。

「孩子，即使你被生氣的情緒給掩埋，我仍然會愛著你，愛著真正的你。」

一同面對人生中的悲傷

轟！好大的雷聲，嚇醒了沉睡的灰小兔。

嗚……嗚……灰小兔哭了起來，

她想起了可怕的夢境，想起了嚇人的故事，

在稀哩嘩啦的大雨中，灰小兔哭了起來。

黃小兔抱緊了她，

「我會一直在妳身邊的，一直抱著妳，一直陪著妳，然後幫妳擦眼淚的。」黃小兔溫柔的抱緊了她。

「我是不是很不勇敢……我不想要再被嚇到，但是我還是好怕好怕……」外面雨聲嘩啦啦，灰小兔的眼淚也是稀哩嘩啦。

「我……我覺得好害怕，好難過，好擔心，

我……我好不勇敢。」

黃小兔拍拍灰小兔的背，慢慢的，輕輕地撫摸著灰小兔的背。

「我們都會不勇敢，一陣陣打雷的聲音好嚇人，但是有妳在我身邊，我會學著勇敢，學著努力給妳好多好多的力量，所以妳可以放心的害怕，因為我都會在妳的身旁。」

黃小兔輕輕的撫過灰小兔的背部，一次又一次，一次又一次。

「我沒有辦法讓大雨停下來，我也沒有辦法讓打雷停下來，但是我可以陪伴著妳，當妳難過時慢慢地幫妳按摩，我會一直都在的。」

孩子的內心在下雨，怎麼辦？

在成長的旅途中，悲傷會一直伴隨在我們身邊，不論是自己喜歡的東西損壞、搬家、寵物的死亡、長輩過世，甚至是一次身體的手術等，都需要去面對悲傷、難過、不安，不論是大人或是孩子，悲傷的事情有時候會讓人深受打擊。

在教育、陪伴孩子的過程中，面對悲傷一直都是家長難以處理的課題，一方面家長本身或許也在處理自己的悲傷情緒，同時也在適應生活的改變，此時家長通常是忙碌的，因此往往不知道如何陪伴孩子去面對生命中的悲傷，因為有太多的事情需要處理。以搬家來說，可能會有整理家裡、打包、布置以及適應新生活等問題，對大人來說已經忙得焦頭爛額了，也因此很難有時間陪伴孩了去處理內心的情緒。

就好像二〇一五年的電影——《腦筋急轉彎》（Inside Out）中，主角萊莉（Riley）的父母因為無法在搬家後去同理孩子的情緒，導致萊莉心理逐漸被悲傷給占領，進而產生出很多的「問題行為」，但這只是孩子尋找一個解決問題的方式，卻因為經驗與方法的不足而讓問題越來越糟。我們大人要學習的，便是陪伴孩子經驗與度過悲傷，並且從中學習到如何去面對悲傷。

這對於大人也並非是一件容易的事情，因為傳統觀念習慣把很多的悲傷放在心裡深處，即便是死亡議題，也是在一整個儀式中進行，我們會有很多的儀式，但是卻很少有機會去真正面對內心的需求，因為儀式本身就讓我們花費了太多的心力，真正與回憶獨處的時間反而被剝奪了。

回想起自己國中時面對曾祖母的過世，心中感受到一大片黃澄澄的記憶，那是當天回家時看到的夕陽，也是在一整段儀式進行中所看到的背景顏色，但是過程中的很多細節想也想不起來，只有太多的眼淚與悲傷充滿當下的環境，大人有很多的時間都在處理相關事務，但是對於孩子則少了支持，孩子在這時候只能夠自己去經驗這個悲傷與失落的過程。

要如何帶領孩子面對失落與悲傷呢？我想我們必須要了解悲傷會產生的情緒，然後我們方能了解孩子行為所表達的意義。這方面相關的研究很多，不同學派提出了不同的歷程，但是總歸而言，對於陪伴孩子面對悲傷，我們可以當作是一個任務，在這樣的任務過程中我們與孩子共同體驗，然後陪伴孩子一同學習。

面對失落與悲傷引起的憤怒

憤怒，面對人生的失落與悲傷時，人會感覺到伴隨而來的憤怒，生氣為什麼會發生這樣的事情、這事情為什麼會發生在我們身上、為什麼不小心一點、甚至是氣自己，這個時候人還無法馬上去接受發生的事情。

因此，當我們身邊有認知能力尚未發展成熟的孩子時，他們也會有同樣的現象，對於生命的失落與悲傷經驗因為還有很多的不了解，所以他們沒有辦法清楚明白逝去的事物是不會回來的。

但是如果孩子從大人的語調、大人的說明、家庭的氛圍，甚至是直接接觸到生命的逝去，他們就會慢慢產生憤怒的情緒，這時候的孩子是需要被陪伴的，我們可以同理、接納、傾聽他所產生的憤怒。或許我們自己也還沒有處理好這份情緒，但是我們可以讓孩子知道我們也有同樣的情緒，我們跟他一同在學習面對這個歷程，因為我們與他同在，因此孩子也會感受到他的情緒是被同理、接納、傾聽的。

所以，不需要刻意在面對困難時，硬是要讓自己表現出大人的理性，因為孩子會從我們的表現中理解、學習到各種情緒。如果有需要，我們可以允許孩子有表現憤怒的機會，他可以藉由玩玩具、進行陶土或是繪畫等方式來展現這個情緒，我們要知道在這個時間點，孩子可能會出現很多黑色、紅色的畫面，線條也可能很直接甚至塗污整個畫面，他也許會敲打玩具，或在遊戲時重現死亡與失去的過程，我們可以在旁陪伴他，給他適時的擁抱與安撫，我們在面對離別的情緒時，孩子同樣也在經歷著這樣的情緒，但是他需要我們作為他的範本，才可以安全的去經歷悲傷的過程。

面對悲傷引起的失落

失落也會伴隨著悲傷經驗出現，原本的生活開始有了改變，原本是小狗住的房子現在空了，原本會打開的門現在沒有人打開，原本會有人陪伴的時間現在沒有了，失落就好像是空了的盒子，需要花時間去填補，在傳統的對話中我們會告訴別人：「你不要難過了！」但是為什麼會要人不去經歷這些情緒呢？

這些情緒本身都代表著對於失去而有的感受，如果強烈的禁止，反而會失去面對它的機會。對於失落的情緒，我們可以陪伴孩子去把失落的感覺畫出來或做一點點布置，在面對這樣的情緒時，我們可以陪伴孩子去執行一個「儀式」。

什麼是儀式呢？就好像西方社會給已逝的人一朵花，東方社會的摺紙蓮花、做頭七等都是儀式，儀式幫助我們去把內心尚未完全消化的事物做一個整理。面對逝去，我們最擔心的就是我們還來不及好好說再見就消失了，這會在心中成為一個「未竟事宜」，就好像我們來不及跟他看最後一次電視、出門前還沒有抱抱生重病的小狗；還有很可怕的，我們因為爭執還在彼此賭氣，但還來不及說抱歉就再也沒有機會說了。

「未竟事宜」就像是一個沉重的枷鎖，綁住了人的內心，對於孩子更是如此，因為他比我們更不知道自己可以做些什麼，在傳統台灣的宗教儀式中，他們往往被隔絕在儀式的旁邊，他們會看到很多的眼淚、很多的哭喊、很多的情緒，但是他們不懂發生了什麼事情，也沒有機會去處理自己的情緒，這時大人可以做些什麼呢？

可以用以下幾個方式來幫忙孩子面對：

1. 寫信
2. 畫圖
3. 製作一份禮物
4. 準備一個紀念品

這些東西都是要幫助孩子把原本放在內心裡的話跟事情給具體的表現出來，孩子或許原本被無形的情緒給綁住，但是我們帶著他將一切變得具體的過程，正是幫助孩子去試著整理自己的情緒、想法，當一切都越來越清晰了，之後孩子碰到的問題就會越來越少。

但是，如果是搬家，我們還有辦法把信寄給對方，如果對方永遠的離開了，可以怎麼做呢？我們可以帶著孩子把信、圖、禮物或是紀念品埋入土裡、燒掉或是放在一個可以保存的盒子裡，比如：孩子最喜歡的寵物狗死掉了，我們在埋葬狗的地方同時也埋下了孩子給予狗狗的禮物與信件，孩子或許內心還有遺憾，但是他會知道自己是有能力去紀念彼此的關係，不會成為一個被動接受而什麼都不能做的人，也因此孩子會更有能力去面對自己內心需要處理的情緒。

當我們陪伴孩子慢慢經歷這樣的歷程後，他會逐漸接受現實狀態的改變，並且逐漸萌芽出新的關係，他也會在這樣的過程中成長，學會如何面對人生中的分離。

因為，人生總是在面對各式各樣的分離、悲傷、失落，我們帶給他的正是他日後面對悲傷的方法。

除了死亡、搬家、東西壞掉等悲傷的經驗之外，一場大病或是要動手術，同樣也是孩子會面對到的悲傷經驗，需要我們大人給予協助，讓孩子做好心靈上的準備。

彩繪不安、悲傷、難過，和孩子共同度過

我曾經教過一位一直無法忘記的孩子，在孩子要上小學的那一年暑假，得知孩子需要進行一項手術，雖然不是一項非常危險的手術，卻在我們大人心中形成了很大的壓力，孩子雖然不知道自己即將面對手術，但是仍然感受到氛圍中的不安，我花了約一個禮拜的時間，以一個小小的儀式幫助孩子去學習面對即將到來的手術。

在第一天，我準備了一本小小的畫圖本，一組水彩色鉛筆，帶著孩子到空的教室裡進行創作：「你之前常常需要吃藥，也需要常常看醫生，你可以把這樣的自己畫出來嗎？」孩子點了點頭，拿著水彩色鉛筆畫了一個小女孩，她有著藍色的長髮，咖啡色的手，我忘記畫中小女孩臉上的表情，只記得孩子在畫面的左邊畫上了藥跟針筒，在畫面的右邊寫上了8天。

我準備了一小壺水：「這是水彩色鉛筆，只要用水刷過之後圖案就會消失，現在我們一起跟身體裡的生病小惡魔說再見吧！」孩子笑著拿起筆，一筆一畫的把畫面中的小女孩、藥跟針筒給抹去，從今天開始他準備好要跟原本生病的自己說再見了。

第二天，在同樣本子的第二頁，除了水彩色鉛筆之外我還準備了一些愛心、加油等字樣的貼紙。我跟孩子說：「昨天我們跟身體裡的生病小惡魔說再見了，今天我們要幫

自己與爸爸、媽媽、弟弟加油，因為他們同樣陪著我們一起努力。」說完孩子很快地拿起了畫筆，他把自己畫得很大幾乎占了整張紙的三分之一，自己的右手比了一個YA！臉上帶著愉快的笑臉，旁邊則是小小的爸爸、媽媽與弟弟，並且寫上7天，接下來孩子認真的看了我給的貼紙，他一個一個字問我那是什麼意思，像是必勝、你最棒、You're the best！等，對於還不會寫字的幼兒園孩子來說，貼紙與圖畫能夠代表他們去發聲，不用真的會寫字，同樣也能夠達到效果。

第三天，我們開始將給予周圍人的鼓勵與加油具體化，我準備了粉紅色的色紙，孩子說了一些要對自己、爸爸、媽媽說的話，我一字一句抄錄在色紙上，然後跟著孩子一起把色紙摺成一個個愛心，這些鼓勵的話變成了具體的愛心信，現在孩子能夠擁有力量，去鼓勵生活中的每一個人。

第四天，孩子也要跟過去的自己和醫院說再見，我準備了兩張漂亮的信紙，一張孩子畫了一個在哭哭的自己，旁邊有一個黑色的心臟，上面打了一個叉叉，他被圓圈包了起來，旁邊寫上了5天。另外一張紙上面，我幫他寫上了感謝醫生與護士的話，放進我幫他寫上字的信封，這封信並不會真的寄出去，但是這個寫信的過程便是陪伴孩子在與過去的自己說再見。

在動手術的前一天，我讓其他孩子們也準備了愛心信給他，我自己則是用愛心拼成了一朵花，把這朵花變成一個小小的戒指，我跟孩子說：「老師送給你愛心花，希望他可以陪著你勇敢。」孩子笑了，在面對手術的前一天，他沒有驚慌，沒有害怕。

手術成功，當我去探望在醫院的孩子時，孩子跟我說：「我很勇敢喔！我只有哭了兩次。」這時我一陣鼻酸哽咽，我跟孩子說：「我相信你很勇敢，而且老師也哭了，哭並不是不勇敢，你真的好努力。」

在隔了一段時間後，孩子必須要動第一次的手術，手術結束後，我去探望了孩子，這次我依然準備了一封愛心信，在上面我寫著「溫柔、勇敢的心」，孩子的爸爸跟我說，這次孩子心情很平靜的面對手術，而且他這次都沒有哭。我看著孩子，看了看孩子的爸爸媽媽，我說：「當我們準備好時，孩子傷口癒合時，我們再一起讓孩子哭一下，孩子會知道，哭並不代表不勇敢，我們同樣也要接納自己哭的情緒。」在手術的復原期，大哭可能對於傷口的癒合並不好，但是眼淚與悲傷同樣也是珍貴的情緒，如果我們只要求勇敢，那孩子就會沒有辦法學習跟自己的悲傷共處了。

幾天之後，小孩的爸爸跟我說孩子哭了，我們都笑了。

不論是哪一種情緒的悲傷，對於孩子與大人來說都是有意義的，如果我們為了一路順遂而不讓孩子去經歷悲傷，那他就少了機會去形塑出健康堅強的內心，長大之後才要去面對時，社會的壓力會讓人很難表現出真正的自己，所以，讓孩子體驗悲傷吧！

Part 3

和孩子一同成長

每一位孩子都有個別差異，有自己的氣質，自己判斷世界的方法，自己表達情緒的方法，每一個人都不同。了解孩子、同理孩子，並陪伴他們一同面對困難，陪伴著他一同成長，並沒有固定一定是對的方式，但是有愛，很多問題都能夠慢慢克服。

在生活中，一同學習以藝術陪伴孩子成長

如果愛是願意等待。

「我會努力等待你的。」

「但是我非常非常害羞。」

「即使你非常非常害羞我也願意等待。」

「那我不能蹦蹦跳跳呢？」

「那……我就等待你學會。」

「那……我總是一下子打翻一堆東西，一下子弄亂好多事情呢？」

「那……我也會努力等待你學會。」

「即使等了好久好久，我還是做不到要怎麼辦？」

「等待就是一種愛，所以有愛，我會一天一天一天的等待。」

「一天一天慢慢地等待？」

「每天每天。」

對孩子而言，最好的學習場所或機會是在哪裡呢？答案也許是在學校，也許在補習班，也許在才藝班，也許在哪一個親子團體。

但是，這些都遠遠不及我們跟他相處的每一段時間。

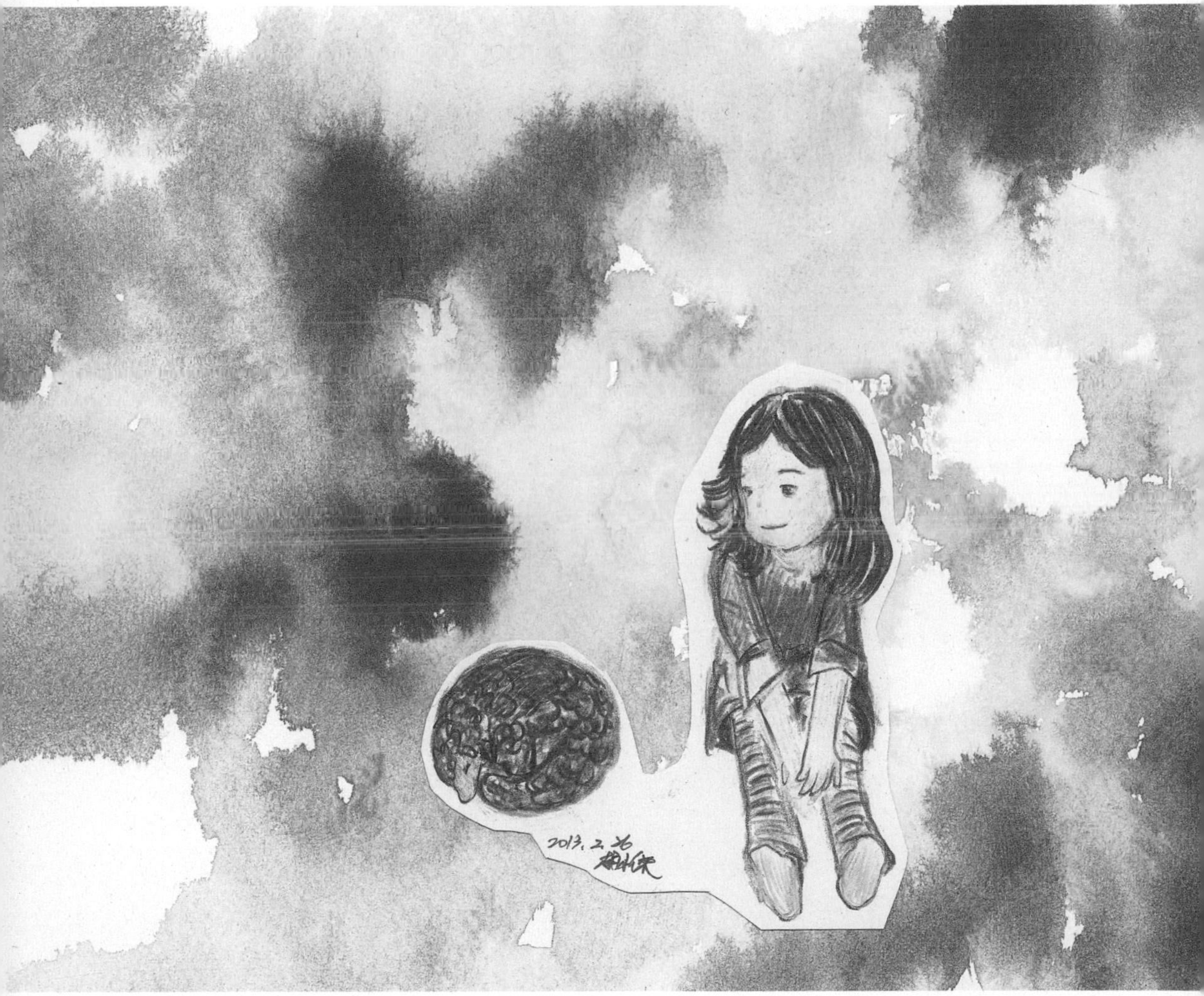

Part 3
和孩子一同成長

愛他，就是陪伴且與他一同成長

從孩子出生後，只要我們沒有把孩子放下，那麼從出生開始的人生歷程，每一段路上我們都是在彼此學習，我們大人學習著如何擔任起一個父親、母親的角色，我們可能要轉換現有的工作時間、性質，需要其他家庭成員（像是爺爺奶奶、外公外婆）或是保母等人員的支援。

當我們現有的狀況與身分改變時，要學著如何轉換身分與尋求狀態的平衡，並在家庭關係中尋找一個更恰當且舒適的位置，與自己應該扮演的角色。我們需要從保母系統中得到協助時，我們因此關注在孩子身上的時間被迫減少，但是依然保有對孩子應有的關心、愛以及陪伴一輩子的責任。

我們都會思考，哪些事情是孩子這個年紀要學會的？哪一些事情他可能需要協助？我們又需要提供什麼樣的資源來幫助他？他會不會比同年齡的孩子還慢？為什麼別人會了他還不會，是不是他有問題？

當我們在思考這些問題的時候，心理浮現的事實上就是孩子的發展歷程，從發展的角度來看，人的一生都有各式各樣需要學習的功課，有些孩子年紀到了就會學會，端看個體的「成熟度」，就有如植物開花結果一般，當生理條件達到了他就會自然地到達那樣的境界；有一些則是需要經過「學習」來達到目標，有些則是取決於「遺傳」與「環境」。這些因素有時是單純影響個人，但是有些時候則是會交互影響，彼此都會有所關聯。

對一位孩子來說，出生後的家庭便是他最好的學習場域，有些人會習慣把孩子交給老師、治療師或各種專業人員，因為相信這些專業人員的協助方法或是這樣的時間控管對我的孩子最有效，但是卻默默忽略了需要與孩子一輩子共同成長的並不是他們，而是主要的照顧者們，因此我們更要了解，生活中哪些事情可以幫助自己的孩子，家長們又需要哪些資源。

比如說，我們會發現孩子的手部動作在運作時不夠靈活、手眼協調能力不佳，對孩子的影響可能是容易打翻東西、不會使用剪刀、寫字碰到困難等，因此帶著孩子到職能治療所，花大把的錢讓他一個禮拜去上一到兩次的課程。但一方面卻在家裡面幫他做大部分的事情，甚至為了讓他吃快一點而餵他吃飯、為了怕髒而不給他畫筆、為了怕他打翻而什麼事情都幫他做好，我們一方面把他生活中學習的機會剝奪，一方面又希望孩子可以有好的發展，這樣本末倒置的情形看似笑話，卻經常出現在我們生活的周圍。

將藝術療癒的過程應用於兒童發展

首先，我們要想看看，過去有多長的一段時間，孩子從出生開始的成長旅程是沒有被如此「細心」呵護的，他們會被放置在地板上隨意爬行，在樓梯上自由爬動，吃飯吃太慢也不會一直餵他，而是會施加一點點的壓力讓他自己把工作完成，甚至是早早讓他學會自己洗澡、搭車或是尋找遊戲玩，在這樣的情形下，孩子的手、腳、眼睛、軀幹甚至是大腦都會有更多的機會受到刺激，而這樣的刺激就是最好的發展養分。當孩子跟自己的身體越來越熟悉的時候，自然就會激發更多的想像與創意，也因為大腦接收到的刺激越多就有更好的發展，在能力上自然與凡是幫他把事情做好的孩子有明顯的差異了。

除此之外，當我們了解生活中不同物體對於人體的不同刺激後，自然能夠從生活中發現可以達到我們想要目的的效果，進而為孩子準備活動。藝術治療是我非常有興趣的領域，在這領域中分為「藝術心理治療」以及「藝術即是治療」這兩大主要類別。

藝術心理治療，類似我們一般對於諮商的印象，藉由藝術創作的過程，可以覺察孩子的狀態、解決心理問題等，因為藝術本身是一個較間接的方式，對於難以述說內心想法或是防衛心重的人來說，藝術心理治療相較於一般面談式的治療方式更為合適。就好比我們要和一位兒童討論他所面對的心理問題並不容易，因為孩子可能沒有辦法說得很清楚，也有可能他正因為所面對的心理問題，呈現一個退縮的狀態，但藝術本身是一個沒有那麼直接的方式，孩子可以用一個比較有距離的方式，逐步讓我們看到他的內心，我們也可以藉由藝術創作陪伴他去處理所面對的問題。除了藝術治療之外，遊戲、音樂、園藝等都有同樣的效果，對孩子而言，治療也變得沒有那樣的可怕。

藝術即是治療，則是認為在進行藝術創作的過程中就有療癒的效果，不需要特別去對創作的作品評析、講解、詮釋，因為人擁有自我修復的能力，在創作的過程中與創作的當下，案主即可逐步達到自我療癒的效果。另一方面，如果我們以兒童發展的角度來看，事實上藝術即是治療也可以解釋孩子在發展上的需求，藉由有趣的媒材幫助孩子去練習他所需要的能力，逐步達成促進成長、發展的效果。接下來我們一起來看看，生活中有那些媒材適合以藝術進行的方式，達到協助兒童發展的效果吧！

手指膏

在過往的藝術媒材學習中，這是比較少見的，目前在美術社、網路上皆可以買到相關材料，標榜無毒的材質很適合嬰幼兒進行創作，當然也同樣適合大人，當我們用手指頭把冰涼且黏滑的顏料從罐子裡取出時，就會刺激大腦，貼近觸覺感官，對我們而言光靠觸碰，這個動作本身就是一個刺激發展的機會。

當然這樣刺激的感受並不是每一位孩子都能夠接受，像是觸覺敏感或是怕髒的孩子對於這樣的刺激會比較排斥，因此如果孩子真的感覺到懼怕，一開始可以提供一些稍微隔離直接感官的工具，像是棉花棒、冰棒棍、畫筆等，讓孩子先喜歡創作再逐步讓他更接近媒材。當他願意嘗試使用手指膏時，觸覺敏感與怕髒感官的影響便會逐漸降低，進一步達到療癒的效果。

對於比較小的孩子，甚至可以準備比較大張的紙，把孩子放在紙面上，讓他全身都能夠有機會與媒材做互動，這樣的刺激會更全面，孩子也能夠藉由媒材畫過紙張的過程，去感受到身體律動與環境的變化，他會逐漸了解自己的身體如何去運作。就如同在鏡子前面跳舞一般，只是這次孩子的每一個動作都有顏料進行記錄，我們可以更清楚的呈現、了解他與環境互動的關係。

一開始，我習慣給予孩子一張稍大的紙，然後先給他單一的顏料，這時孩子最自然的反應是用一根手指頭去碰觸顏料，挖出來一點後就在畫紙上繞圈圈。我們可以從色彩三原色（紅、黃、藍）開始著手，假設我們先給予他黃色，在他畫出幾個圈圈之後在給予他紅色，讓孩子以不同的手指去沾取紅色，並引導他畫在原本的黃色上，隨著他手部動作的進行，孩子會感受到顏色上逐漸的變化，之後我們可以逐步以不同顏色的組合讓他體驗。他除了會了解到環境變化與自身的關係之外，也能夠體會到調配顏色的奧妙，對於一名兒童而言，他能夠親身去體驗顏色的調配，感受到自己是一個有能力去改變與創造的人，而不是像是單色的彩色筆，紅色就是紅色、黃色就是黃色。

當孩子的一隻手指逐漸習慣之後，我們可以建議他繼續使用上天給予他的「另外9枝甚至是19枝不同的畫筆」，孩子會越來越大膽的進行創作，創作的過程中，也會逐漸開始天馬行空，覺得不一定要畫具體的事物才行。當然對於年紀比較大的孩子，他們可能只是把手指當作是真實的畫筆，因此在使用上仍要畫出具體的圖像，這時我們可以帶著他去想像海洋、想像空氣，然後讓他更單純的以感官進行創作，把擔心畫得好不好的理性暫放一旁。

當我自己在帶領孩子進行手指膏的創作時，我會以糨糊代替現成的手指膏，配合食用色素（化工行、食品行有在賣），讓孩子自己調和在一起，從開始去學習製造出自己的手指膏。利用糨糊的好處很多，包含了便宜、自己調配顏色的成就感、畫面自然而成的粉嫩色調、更容易留下手指的痕跡，對於我們大人而言，之後的清洗也不會太困難，但缺點就是比較不易保存與手指會沾染顏料的問題。我會把手指膏放在第一個說明，不外乎就是認為它可以從0歲一路進行到99歲，這樣打破過往經驗的媒材，正好也告訴創作者與陪伴者，藝術創作的美絕對不只是畫得像，而是我們真正進入到創作裡面盡情的做自己。

油蠟筆與粉蠟筆

對於一般家庭來說，蠟筆並不是一個陌生的媒材，甚至從很小的時候就開始接觸蠟筆，但是相較於大多數人比較喜歡購買的油蠟筆，我個人比較喜歡粉蠟筆。油蠟筆比較討喜的原因主要是來自於油蠟筆本身比較不容易髒，相較於粉蠟筆畫一畫會滿手顏料，甚至跑到指甲縫難以清洗，油蠟筆本身就紳士得多，就算包裝紙被剝掉了也不太容易弄髒我們的手指，也因此對於擔心牆壁、衣服、臉被弄髒的家庭來說，自然會比較喜歡用油蠟筆。

但是實際拿油蠟筆來畫看看，可以發現油蠟筆並不好畫，我常常看到諾大的一盒油蠟筆沒有用掉多少就被擱置在一旁，因為即使是為孩子設計的加粗油蠟筆，都需要用很大的力氣才能夠在紙上產生顏色，顏色也經常不夠飽滿，孩子可能用了很多的力氣才能夠在畫面上產生淡淡的色調，更不容易調色，因為不夠吸引人也太過於疲憊，久而久之油蠟筆就被孩子打入冷宮，讓顏色鮮豔的彩色筆給取代。

如果今天孩子的手部比較沒有力氣，當然可以想著用油蠟筆來訓練他的力量，但也要思考到孩子在過程中的挫折感。這時我認為粉蠟筆的優點便被顯現出來，粉蠟筆的質地比較柔軟，所以只要輕輕畫過紙面便可以產生鮮豔的顏色，如果紙的表面比較粗糙，多塗幾次也可以很快的把畫面給塗滿。而且不像油蠟筆多半只能用筆尖去畫出顏色，剝掉包裝紙的粉蠟筆可以倒著畫、躺著畫、甚至連小碎屑都可以用手指按壓著來畫，不但容易調色，也可以藉由我們的手指頭使用不同力度時，產生出不同的質感。我曾看過孩子用手指從黃色的圓圈中往外抹去，不一會兒形成了一個美麗的太陽，一個明亮的黃色中心，一道道用手指拉出去的淡淡線條恰好成為了口光，畫面美麗又充滿了孩子無限的想像。

與手指膏類似的情形，對於觸覺敏感與怕髒的孩子而言，粉蠟筆確實是一個比較不容易接觸的媒材。通常一開始時我會在旁準備一包濕紙巾，孩子可以先試著在不撥掉包裝紙的情形下進行創作，當他真的感覺手指髒得不舒服時，我們同理他的感受，並且允許他可以用濕紙巾讓手指乾淨一點，一點一滴地讓他這部分的焦慮感逐漸降低。

也因為粉蠟筆本身具備調色與好畫的功能，我會建議可以從小時候便讓孩子嘗試，我們甚至可以準備像是石頭、木材等自然素材讓孩子在上面進行創作，孩子既能夠感受到自己與環境的互動，也能夠從中了解自己身體的運作。如果孩子的專注力比較不足，可以用黑色的紙搭配白色、紅色、黃色等鮮豔的顏色讓他進行創作，相較於白紙的擴散感，黑色的紙張會讓人有聚斂的感受，而在黑色紙上的線條就好像是一道道的軌跡，幫助孩子提升專注力，創作本身自然就成為了一段療癒的時間。

色鉛筆

可分為水性與油性色鉛筆，一般來說我們對於油性的色鉛筆較熟悉，對於水性的色鉛筆比較陌生。因為色鉛筆是比較硬質的媒材，加上一般的鉛筆筆身比較纖細，對於年幼的孩子來說拿取不易，也容易造成施力錯誤的問題，建議可以買較粗且有菱有角的色鉛筆，方便年幼的孩子「握取」。在發展的初期孩子多半是用握的方式，我們不用過於緊張他握筆方式的正確與否，因為這是發展的正常現象，當他動作的熟練度逐漸發展完成後，他就可以用更正確的方式來使用色鉛筆。

也可以從這樣的經驗去推測，當孩子發展到越來越能夠以正確的方式來握筆畫圖，這同樣也代表他逐漸有能力握筆寫字，與其讓他早早動筆練習無聊艱難的寫字，以繪畫經驗來協助他的成長更為溫和。抑或是，如果發現孩子寫字歪七扭八、字的大小比例不太會抓等問題時，可以運用色鉛筆繪圖來引導他，像是畫火車、房子等比較有稜有角的物體，自然會在他繪畫的時候給予適當的練習，這當然比我們在旁逼迫著他重複練習寫字還要有效，也減少了彼此衝突的機會。

對於色鉛筆的運用，一般如果沒有特別的教學，孩子通常會拿來描邊、塗上一些顏色，但是因為色鉛筆對於年幼的孩子而言，不太容易用來進行塗抹與畫滿畫面，所以我們可以適當的輔助一些其他媒材，我自己就很喜歡把水性色鉛筆與油性色鉛筆混用。水性色鉛筆本身是一個硬質與軟質媒材的結合，當我們直接把它畫在圖畫紙上時，它就是普通的色鉛筆，只是有些材質稍軟，有些顏色稍淡，但是只要我們用手或畫筆沾水塗抹，卻可以馬上在畫面上產生出水彩的質感。這樣硬質與軟質的結合，就好像我們心中的理性和感性，對於害怕失敗的孩子來說，直接接觸流質的水彩會顯得太過於冒險，也會讓人裹足不前，但是這樣子複合性的媒材體驗，可以讓孩子有更安全的經驗去嘗試做情緒的抒發，甚至是象徵性的將一些不愉快的事情抹去，因為用水性色鉛筆畫出來的事物可以輕易用水洗去，有些時候，甚至會比油性色鉛筆更容易去改正錯誤。

舉一個我過去經歷的例子來說，我曾經陪伴一位非常理性的孩子畫圖，他的畫面經常是很多很結構性的內容，像是高樓大廈、火車軌道等，他把規律的生活習慣帶入了畫面中，所以他自己不太能夠嘗試不去畫真實的物體，也因此每當需要畫圖時，總會讓他與媽媽發生很大的衝突。

當我陪伴著他畫畫時，色鉛筆當然會是一個非常適合他的媒材，理性而清楚，但是當我在他眼前將色鉛筆用水抹成水彩時，一開始孩子表現得有一些不安，但是慢慢地他自己也能夠使用這樣的媒材，甚至愛上玩它的感覺。當孩子逐漸能夠在理性中帶一點感性時，他在生活中的經驗就有機會慢慢的類化，我們能夠期待他在生活中也可以去接受這種理性與感性間的模糊。

最後，色鉛筆的運用在紙乾掉後很適合做堆疊，但是水彩色鉛筆不建議在乾的時候堆疊太多層，以避免調水的時候顏色過於混雜，失去了原本舒服的色調，這與水彩的效果相似，因此孩子也可以在繪畫水彩色鉛筆的時候逐漸增加對於顏色的敏感度。

羊毛氈與縫紉

縫紉，一般家庭比較熟悉，但是對於陪伴孩子進行縫紉，很多家長還是不太清楚幾歲開始可以教縫紉，如何去教，以及對於孩子的助益是什麼。對此，我們可以先看到羊毛氈與縫紉非常相近的特質——在使用上具備著危險性，一不小心就很容易流血，這個大多數家長避之唯恐不及的特點，卻恰好是這兩個媒材最重要的助益。對於好動、過動、注意力不集中的孩子來說，這兩個媒材只要一分心就很容易造成傷害，因此孩子會在幾次的受傷過後逐漸學習專注於眼前的事物，可以藉此訓練他的專注力。

這讓我回想到過往與一位過動孩子的相處經驗，在一開始接觸羊毛氈的初期，每天他都會有幾次不小心被針戳到，但是因為他很想要完成自己的作品，因此他就只是吸吸傷口，很快的又繼續進入到創作狀態裡，常常一個小時的時間裡他都很專心的在戳著羊毛氈，完成之後對於自己的作品感到非常大的成就感，更愉快地把作品送給媽媽。

還記得有一天我們兩人心情都不是很好，那天我們兩個人就安靜的一起戳著羊毛氈，但情緒總是會影響著我們生活中的大小事，眼前的創作剛好就反映了我們兩人的心情，不一會兒他戳到了手指頭，我也不小心把針頭刺進了指甲內，兩個人都痛得停下了手，卻相視看到了彼此在處理情緒時的需要。

「我也會分心，也會不小心，也會因為事情而忘記要細心，我們都是一樣的。」雖然是兩人都有挫折的一天，但是同樣的傷口也幫助我們可以更貼近彼此的心。

縫紉也是相同的情形，同樣需要小心安全，同樣需要專注地進行工作，媒材的費用比較低廉，但缺點是比羊毛氈稍微困難些。可以從簡單的小袋子等容易做出成果的作品讓孩子嘗試，我們可先行以示範與畫線等方式讓孩了比較容易上手，針對老花眼設計的不須穿孔的針也可以幫助年幼的孩子降低可能失誤的挫折感。我們可以停下一小段時間的步伐，與孩子一同工作，也許是做同樣的工作，也許是設計一份禮物，也許是他做他的，我們做我們的，但是這樣一同工作的感覺可以讓孩子感受到安心與被支持，我們適時的話語也可以成為他在操作時最好的鼓勵。

也因為這樣的媒材危險性較高，所以在開始工作之前，需要清楚說明要注意的事項，包含我們應該要專注於現在的工作上，如果要離開時應該要先等事情告一段落，並且把東西歸位，結束時要留意是不是都收拾整齊與是否遺漏。我們也應該放寬我們的心，在我們覺得可以接受的範圍讓他為自己負責，如果他因為當下不專心造成的只是刺傷自己的手指頭，卻可以換得他之後的小心注意，那又為何不讓他受一點小傷呢？不過，如果我們發現他可能會刺傷自己或他人的眼睛時，就需要當下停止眼前的工作，並且讓他了解到如何避免這樣的問題。我們希望讓他感受到自然成果，但是太過危險的情況並不能讓他有機會學習，因為所背負的壓力與傷害可能會大到無法接受。

摺紙

紙，是非常容易取得又富有變化的媒材，不同形狀、樣式的紙張，從紙張的選擇就足以吸引孩子的目光了，像是卡通圖案的紙、金光閃閃的紙、透明如蟬翼的紙，我們可以帶著孩子選擇他有興趣的紙張，作為引起他想要投入心神最好的動機。

建議可以從他有興趣的領域，像是家用品、車子、飛機、房子、愛心、動物等，摺紙可以變成各式各樣的物件，我們可以從網路上甚至是手機ＡＰＰ中尋找孩子有興趣的摺紙範本，然後跟著孩子一起做。

摺紙，我認為對於處理精細動作還不成熟、手眼不協調、專注力不足、粗心大意的孩子來說是非常好的訓練活動。我們可以準備較為純色的桌面，避免讓孩子的眼睛一次需要處理太多的訊息，然後先讓他閉起眼睛感受紙張的邊緣，讓他用手指輕輕滑過紙的四邊、四角，同時可以跟他說明邊與角的關係，把形狀的概念悄然放在我們的話語當中，然後從最簡單的船、飛機著手。我們一步一步分解眼前的動作讓他可以緩步跟上，如果孩子年齡在中、大班並且能力不錯，我們可以讓他自己專注的嘗試角對角、邊對邊的摺紙練習，讓他有更多的機會去訓練手眼協調與專注，甚至是手指小肌肉細微的使力訓練。如果是能力較弱的孩子，我會建議用一面有顏色一面白色的簡單色紙，配合一些輔助線，讓他可以練習邊角的對齊，如果手指小肌肉還不能夠靈活壓平紙張，也可以讓他利用鉛筆或尺協助，再逐步調整摺紙的難度。

創作本身就是一個很好的學習機會，孩子會經歷失敗與挫折，代表著他們在這部分的能力上還要繼續學習，而我們就是幫助他加減調整難度，陪伴他學習越來越得心應手的最好夥伴。因此，摺紙的目標也可以稍做選擇，對於喜歡飛機的孩子，我們可以陪伴他摺紙飛機，在過程中他可以感受到摺整齊的飛機可以飛得比較遠也比較好看，當他想要讓飛機飛得又高又遠時，自然就會繼續練習。而我們也可以幫他做材料上的調整，像是幫他選擇比較強韌的紙張，或是提供簡易工具的方式，在過程中不斷地給予鼓勵，當他的紙飛機可以翱翔於天際時，那時不需要鼓勵，他也會以自己的成功為榮，孩子的學習與成長，就在我們一點一滴的互動中逐漸萌發。

水墨

大部分的家長對於水墨畫是感到較為陌生的，因為從小受教育的過程中水彩與毛筆字或多或少還會接觸到，但是水墨這樣的媒材則是少之又少，我經常跟孩子們說：「水墨用的宣紙，是一種非常溫柔的紙張，它就跟衛生紙一樣的柔軟，所以我們要學習以柔軟的方式來對待它。」這就像是人與人之間的相處，甚至象徵著人的心是非常柔軟而脆弱，此時我們以這樣一個替代的方式讓孩子想像，並且學習著要如何跟人相處。

在一開始時，如果孩子比較沒有信心我會給予鉛筆，並且讓孩子用削鉛筆機去削鉛筆再畫在宣紙上，如果孩子削得過尖，那尖銳的筆就像是我們尖銳的話語去割傷別人，而粗魯的使用橡皮擦也會讓人脫一層皮。這樣的經驗是非常寫實的，孩子就像是經歷了一場對於他人的傷害，他需要學習更為圓滑、輕柔，才能夠減少在別人的情感、內心中留下難以抹滅的痕跡。

但是即便讓紙受傷破掉，也不會沒有辦法修補，當孩子因為宣紙破掉而感到惆悵時，我會帶著他剪下另外一張宣紙，塗上稀釋過後的糨糊貼在紙的背後，原本受傷的傷口就得到一部分的修補了。如同人與人之間的關係，只要經過適當的修補，總是會有辦法得到轉變，雖然還是會留下一些痕跡，但是我們是有辦法去創造改變的，只要我們不怕傷害，也不會逃避自己所鑄下的傷痕。

當孩子在畫水墨的時候，這個當下就是很好的訓練時刻，從一開始的磨墨過程，就有如古人所說的，需要氣定神閒，並且慢慢地將墨汁調勻。他也需要學習不使用過濕的毛筆，因此對於總是一筆大剌剌的沾滿顏料塗抹在畫紙上的孩子來說，畫水墨是一個很好讓他定下心來的訓練，因為太濕的紙會暈開也會破掉，立即性的突發狀況，可以幫助孩子去看到自己所造成的問題，讓他能夠逐步學習如何控制自己的肢體，並且專注於眼前的工作上。

至於要畫些什麼，我會建議如果爸爸媽媽也不會時，可以上網找些簡單的圖片先行開始，像是橘子、魚等都不困難。孩子也可以運用鉛筆打底，事實上水墨只是一種媒材而已，他仍然可以用自己的方式畫自己有興趣的主題，甚至可以畫得如工筆畫般的細緻。因此只要我們能夠擁有寬闊的心，給予孩子的學習就不會有限制。

從生活中不同的地方持續學習

藝術只是一個生活中經常出現的方式，像是生活自理、打掃、幫忙煮飯等對於孩子來說都會是很好的學習經驗，當他從小學會付出的越多，這同樣也在刺激他的大腦去產生更多的連結，認知能力會因此成長，他也能夠從中衍生出更多的能力，甚至比較難以教導的情緒操控能力也會提升，這些都是生活中唾手可得的學習方法。

但是現在的家庭往往因為怕麻煩或是認為無用而剝奪孩子的學習經驗，那之後還想以其他方式來補強就顯得事倍功半了。生活中的大小事情都可以成為促進孩子成長的好機會，家長也可以成為孩子最好的治療師、療育師，只要我們對於孩子的能力有所了解，不要害怕衝突，而是能適當的給予孩子一些難關去跨過，讓他有機會專注的進行活動，並且一同賞識孩子努力的成果，這樣每次的嘗試和努力就都會有意義，而這段陪伴的時間，也會成為我們與孩子生長軌跡中非常重要的一段回憶。

陪伴孩子學會
與家庭的新成員一同成長

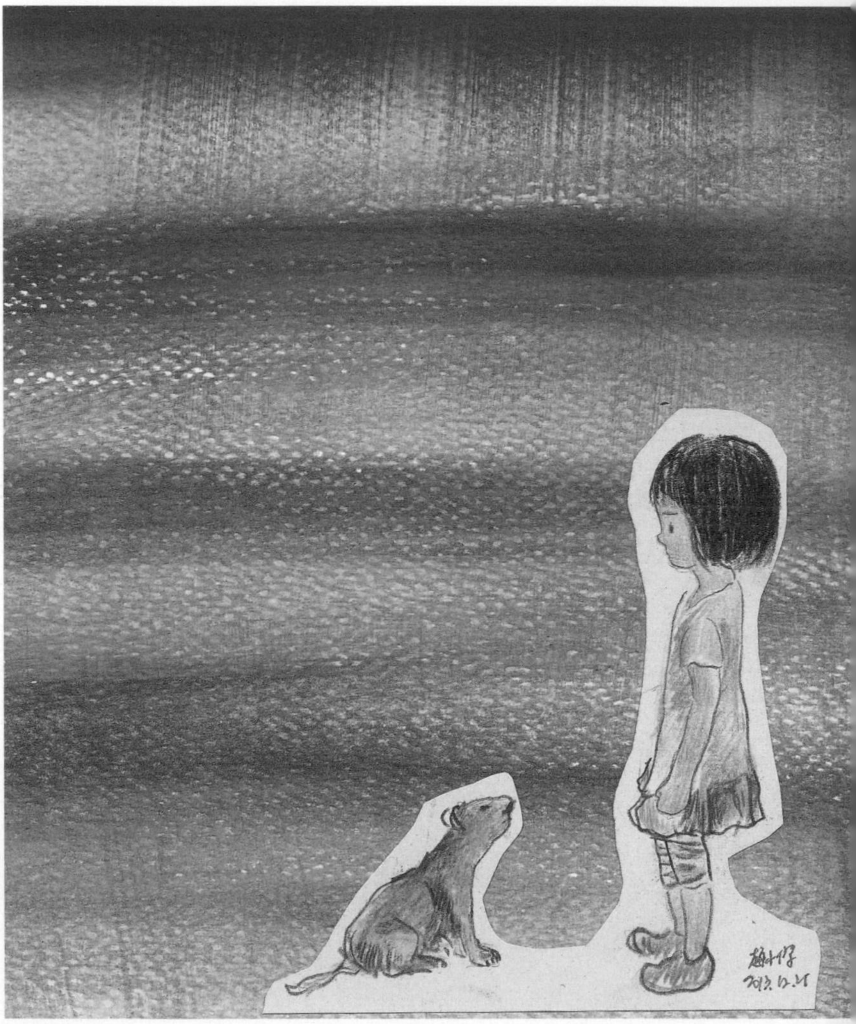

女孩遇到了小獅子。

「我想把妳養在家裡，我會給妳粉紅色的蝴蝶結緞帶，我會給妳粉紅色的蕾絲小房間，給妳鋪柔軟的床和棉被。」

小女孩高興的跟獅子說著，她心中相信這就是滿滿的愛，是她可以帶給眼前小動物滿滿的保證。

「但是我是一隻公獅子，我不需要粉紅色蝴蝶結、緞帶或者是蕾絲小房間。」

小獅子嚴肅的說著：

「即使我是一隻母獅子，我也不需要粉紅色蝴蝶結、緞帶或是蕾絲小房間。」

「那不是我需要的，不是一隻小獅子需要的，那或許是一位小女孩想要的、希望的、夢想的，

但不是獅子需要的，妳想到的是自己，自己想要、需要的，不是我，不是一隻獅子需要的。」

小獅子說完，頭也不回的走了。

愛是什麼樣的溫柔，

不是用自己的呼吸、自己的想法、自己的感受就會是對方需要的，

放下自己，才能好好地聽到對方。

媽媽爸爸不愛我了嗎？

當家裡有新生兒，甚至是還在孕期的時候，對於原先的孩子來說都會是一種重大的變革，這樣的變革不單單只有多一位成員那樣的簡單，而是包含原先的生活步調、愛的分配、家中的序位，甚至是家庭擺設上都會有所影響。對於已經忙碌且焦頭爛額的家長來說，往往已是心有餘而力不足，甚至會覺自己已經很忙碌了，為什麼孩子沒有辦法體貼、有同理心，因此很難處理到孩子深層的感受，一來可能會形成之後的手足情結，二來也會產生很多親子衝突，甚至孩子會產生「退行性行為」（孩子的行為舉止變得比原本的年紀還要小，甚至會像小嬰兒一樣）讓我們傷透腦筋，如何陪伴孩子面對這樣的課題，尚需要我們大人好好學習。

家庭的關係，在一起生活一段時間後，就會出現一個家庭的脈絡，這就像是每天準時工作的火車站，每個人都有固定的角色跟分派的任務，然後在規劃好的時刻表中，按表操課，每一個人都為了要讓家庭在這個脈絡中運行而努力工作著，即便偶爾誤點都是一整個家庭系統的常態。但是當家中新成員出現時，就好像是原本的車站主體、鐵軌等要做修

退行性行為：當小小孩因外在因素，導致被不安、焦慮、分離等影響，希望獲得大人們的注意，而出現退縮回嬰幼兒時期的情況。

改，整個班次大亂，大家的工作開始逐漸與過往不同，需要適應、磨合，方能找到新的運行脈絡。

說到新生兒對哥哥姊姊的影響，事實上早從懷孕開始便慢慢在醞釀，從媽媽受孕，生活中的改變對於孩子就會出現影響，像是媽媽在懷孕初期的孕吐、身體不適、前三個月的禁忌等，對於孩子來說，這就會是從聽到我們跟他說他要當哥哥姊姊之後，最先感受到的變化。

例如媽媽可能不太會有時間體力陪他遊戲，吃飯時媽媽的孕吐也會讓孩子感到擔心，加上一些身體不舒服的現象，對孩子來說，如果媽媽的狀況比較不佳，那他就像是經歷了一段可能會失去媽媽的時期。這時孩子可能會開始感到焦慮，並且出現一些之前比較沒有的行為，像是犯一些過往不會犯的錯、變得渴望媽媽的陪伴、易怒、易哭，在這個時期出現一些退行性行為；或是相反的讓自己堅強起來，幫忙呵護媽媽的每一件事情，像是認為只要自己聽話，媽媽的身體就會恢復健康並且能夠陪他一起玩。

在這段時間裡面，孩子會感受到很大的無力感，他必須面對生活中的改變，但是他卻無力去做些什麼，如果大人又沒有辦法讓他有參與感時，他就會藉由一些行為來處理內心的不舒服，有些可能是因為害怕失去，有些可能是尋求關注，有些可能是在滿足內心裡對愛的渴望。

我記得有一位家長跟我分享，家裡的大孩子因為自己嚴重的孕吐而必須在幼兒園下課後先寄放在別處，等爸爸下班後再把孩子接回家，這位大孩子沒有抱怨，而是做到讓媽媽都不會擔心。但是在幼兒園時，隨著越來越接近媽媽分娩，孩子有了很多潛藏的怒氣，以及因為渴望被注意，所以什麼都想要幫老師，希望老師注意到他的表現。這些在我的眼裡看來，都跟孩子正在調適自己有關，因此即便是再貼心的孩子，在這段時間裡他都還是在努力，他們努力要不讓父母擔心，也努力要讓自己多做一點好讓大人放心，這時的他們像是遺忘了自己只是個孩子，拚命努力的想要讓自己可以再多做一點，為了愛而多做一點。這樣的關係對於孩子來說是不健康的，因為他忘記了自己的身分與角色，當他隱藏起自己孩子的身分以降低父母的忙碌時，會因為勉強讓自己堅強而花費太多的力氣，當力氣用盡時，孩子就難以撐起自己給自己的壓力了。

但孩子也可能會以我們認為的負面行為，來試圖改變眼前的一切；他可能會與我們唱反調、以大量的情緒來表達自己的不滿、與同儕產生衝突或是出現一些要讓我們對他生氣的行為，這樣的行為或許會讓我們感到費解，但是事實上他可能只是在滿足一個需要被了解與愛的內心，但是他運用了比較不適合的方式。

我們想想：在面對問題時大人與孩子有哪些不同？年紀大一點的孩子與年紀小一點的孩子有什麼不同，為什麼有一些人有辦法去解決眼前的問題，但是有些人就會陷入問題裡面呢？這取決於我們本身對於找出解決當前問題的方法有多少，人在面對改變與問題時，都會藉由一些方式來試圖轉變眼前的一切，我們眼中看到孩子所謂的負面行為，正是來自於他們在努力的當下沒有使用更好的方法，或是他不知道自己可以怎麼做，只能以能想到的方式來做，藉此降低自己的焦慮感，或是試圖讓自己感覺到愛。也因此我們有時會發現，為什麼即便孩子知道自己這樣做得不到愛，甚至可能會引發衝突，他們也不會改變，因為在他們腦海中，實際上並沒有一個正確的方法，可以幫助自己走出現在的困境。

對幼兒來說更是如此，也因此他們更需要我們幫忙，陪伴他學習如何去面對接下來的改變，我們可以用以下幾個方式嘗試協助孩子，讓我們一項項來了解可以怎麼做吧！

讓孩子了解媽媽身體的變化

對於不了解的事物往往會讓人很緊張，即便是已經有懷孕經驗的媽媽，在面對自己的第二胎時還是會有所不同，更何況是面對媽媽如此變化的孩子。媽媽像是很快的就失去了一些能力，接下來也會緩慢的產生一些孩子明顯可以看到的改變，如果孩子不了解這些改變，自然就會讓他感覺到擔心，因此我們可以藉由他能夠理解的方式讓孩子了解媽媽的變化，比如說孕吐本身是因為身體不適，大孩子還在媽媽身體裡的時候也有過；

接下來媽媽的肚子會越來越大，表示肚子裡面的寶寶也越來越大；媽媽可以讓孩子隔著肚皮跟身體裡的弟弟妹妹對話，讓他感受到踢腿與心跳聲。這樣的過程可以幫助孩子逐漸了解到現有的狀況，改善心中的不安感。

讓孩子有機會幫忙，賦予任務

讓孩子有機會幫忙並賦予任務，是從孕期到新生兒出生後都很重要的一件事情，被賦予任務的孩子會從局外人變成參與者，從無能為力者變成有能力者，從被照顧者變成照顧者。我們賦予孩子一個新身分的同時，也給予他相對應的一些任務，這些任務可以幫助他慢慢去適應眼前的改變，因為他從一個被安排者，變成一位有能力參與的人，這樣賦予任務的作法就是對他的一種信任，並在過程中形成了對孩子的鼓勵，孩子也因此變得更有能力。

可以讓孩子幫些什麼呢？我們可以請孩子幫忙媽媽拿東西、整理東西，甚至是簡單的協助煮飯；可以讓孩子幫忙布置新生兒的房間，一起挑要給寶寶的玩具、衣服、寢具，甚至是讓他隔著肚皮講故事、彈鋼琴給胎兒聽等。在過程中孩子或許會想要知道自己過去在媽媽肚子裡的情形，這時我們可以讓他知道當時的歷程，並且讓他感受到自己的成長經過；也要鼓勵他的協助，讓他感受到自己能夠成為讓爸爸媽媽心安的重要角色，他因為早幾年出生，所以他有能力做到更多的事情。非常重要的是，一定要表達對於孩子的感謝，並且讓他知道即使他沒有辦法都做得好，他仍然是被我們愛著的。

給孩子專屬於他的時間

這同樣是在孕期與出生後都需要持續保持的重要觀念，這在孕期間相對生產後來得簡單，因為我們可以很容易抽出時間，也因此即便是在孕期間也千萬不要忘記，我們應該要留一些與孩子相處的時間。

為什麼只陪弟弟、妹妹，都不理我？

產後通常都會有一段時間兵荒馬亂，家庭因新生兒的到來還在調整作息，此時的家庭就好像是上下班時間的市區一般亂糟糟，這時孩子更容易感受到與過去的差異，並且因此產生一些情緒。當家裡有新生兒以及轉換環境時，對於情緒比較敏感的兒童，甚至是大部分孩子而言，往往會伴隨著咬指甲、尿床、退縮等退行性行為，這是正常的反應，但是如何帶領孩子克服這個敏感的時程正是我們要努力的課程。

給予他單獨的空間與時間

新生兒的出現或環境的轉換，往往代表著他原有的時間會被剝奪，有些孩子會用吵鬧、退化的行為來吸引大人注意，有些孩子雖然表現得像是一位成熟的大哥哥或大姊姊，但是這也同樣代表著他把自然而成的焦慮情緒放在內心，容易形成咬指甲、尿床等退行性行為。

可以試著每天跟他約定一個固定屬於他的時間，這個時間是專心陪伴他閱讀繪本、玩遊戲或進行其他喜歡的活動，讓他可以感受到自己被重視，這個與孩子的「約定」很重要，因為諾言本身就帶有力量，可以讓孩子有能量面對需要改變的行為。只要我們盡力做到自己可以做到的程度，如果真的一時沒有時間也不用驚慌，因為孩子已經被愛填滿，他也會在過程中學習到之後手足相處中一個很重要的要素，那就是等待。

從正向給予支持，當幼兒沒有「退行性行為」時即給予鼓勵

以咬指甲為例，這是一個小時候容易出現的習慣性問題，它往往會在閒下來或焦慮時出現，要戒掉並不容易，但是我們可以試著在他沒有咬指甲的時候鼓勵他，例如：「媽媽注意到你已經有10分鐘沒有咬指甲了，謝謝你都有照顧好自己的指甲。」或是說

「謝謝你對於手指的照顧，媽媽很喜歡你溫柔的手指頭。」話語中不去比較也不帶來責備，而是能夠以正向的方式來說明他的進步，但是不要說：「哎呀！你也可以做得到不咬手指頭嘛！繼續加油啊！」等比較不適當的字眼，因為這樣的話不是鼓勵而是嘲諷，鼓勵讓人感受到愛與勇氣，但是嘲諷只會讓人感到灰心，只要我們給予孩子力量幫助他成長，孩子也會從中建立起正向的自我概念。

和孩子分享成功當哥哥姐姐的經驗

新生兒出生後，大人有很多要忙碌的事情，這時可以讓孩子幫忙餵奶、換尿布、蓋棉被、拍拍寶寶等活動，可以藉機讓他摸摸寶寶的手指頭，換尿布等方式讓他除了成為有能力的人之外，也能夠淺移默化的讓他感受到自己的成長，這種有能力的感覺能夠幫助他去克服現有的問題。

比如媽媽剪著寶寶的指甲時，一起說著媽媽很喜歡兩位小寶貝的指甲，很溫柔也讓媽媽感覺到幸福。或是在換尿布的時候讓他幫忙，並且有意無意的說寶寶還不會說自己尿尿了，哥哥／姊姊可以成為他很好的榜樣，以後哥哥／姊姊可以教他也可以帶著他去學習上廁所。

教導哥哥／姊姊紓壓的方法

可以藉由繪畫、黏土等方式讓哥哥／姊姊有機會藉由藝術創作宣洩情緒，以手指膏、水彩等比較流質的材料進行創作，尤其是手指膏和黏土的創作，可以藉由這個過程讓他跟自己的身體有更多的接觸，如此也可以達到情緒轉移的效果，在創作時大人可以不要有太多的限制，要讓他有完整、充裕的時間可以做自己。

手足相爭或是手足情誼都是相輔相成的，兩人的關係可以因為爭奪愛而彼此衝突，也可以因為愛讓兩人充滿能量，或許孩子還是會有一些需要適應的地方，但我們在面對家中有新成員時也會緊張一樣，只是孩子需要我們陪伴他學習這份人生的功課。而且不論年紀差異多大，這份需要學習的事情都會存在，因此不要認為只要間隔久一點才生第二胎就不會發生前述的狀況，家庭的改變是每一個人的責任，而愛便是穩固彼此關係的不二法門。

與科學家和藝術家相遇

老鼠看著月亮，

老鼠是不是也有故事想跟月亮說？

「今天的你好大好漂亮，那當我明天看到你的時候呢？你是不是也會像我現在看到的一樣。」

月亮想了想，「我會變小，然後消失一段時間，再慢慢變大，直到努力變得跟現在一樣。也許我要好久好久之後才會是你現在看到的樣子，但是不論你看到的我有多大，那都是因為距離，而不是真正的我。」

「不管多遠或者是多近，你都是一樣的嗎？」老鼠好奇的問，在他心中不管遠近看起來應該都是一樣的。

「在遠一點的時候，你會被我的反光給遮蔽了，你看不到我真正的樣子，完美的樣子不是真正的我；
但是當我靠近一點時，你會看到我的坑洞我的皺褶，那是不需要隱藏，也不需要掩蓋的。」
月亮說著，每天月亮聽到很多很多讚美的話語，但是他知道不是完美才代表最好，而是了解每一份的不足都有它的意義。

在草原上，小小的老鼠還是看著月亮，
他心中的月亮是不是真正的月亮他並不知道，
他相信的，是真正來自於他的了解、他的認識。

靠得再近，看不到真實的星空一樣不會美麗，
離得再遠，感受到真實的月亮才會放在記憶，
在這天或是在好久好久以後。

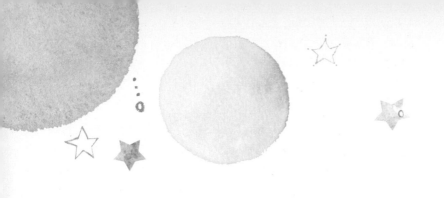

我家寶貝是科學家

我曾經遇過一位孩子，他可以對自己有興趣的積木很堅持，大班就能夠看懂複雜的說明書並且拼組完成，國小的數學問題也難不倒他，跟他說完數學題目後，他會先停下來思考一段時間，一下子就可以算出答案，他喜好規則與結構，所以他會把東西按照自己的規劃擺設好，但也因此比較無法接受規則被打破，對於抽象的思考也興趣缺缺，如果要他畫圖，他可能寧願在地上打滾半個小時也不願意嘗試。

還有一位孩子，他大班就有辦法做出雞兔同籠等複雜的數學問題，更讓人吃驚的是他並非使用九九乘法表的方式來計算，但是他好動、情緒起伏也較大，對於自己不喜歡的事情會用很大的情緒去與之對抗。

而另一位孩子，他對於自己喜歡的事物會馬上沉浸下去研究，對車子有興趣的那段時間都在研究車子，對恐龍有興趣時那段時間都在研究恐龍，會找相關的書來看，甚至會自己上網找影片來充實相關知識，即便他只有幼兒園的年紀，卻像百科全書般的把知識刻印在腦海裡，但是他不喜歡變動，碰到變動時他常常會大哭甚至不願意到幼兒園。

這三位孩子是我在眾多教學經驗中印象深刻的三位，其他之後碰到的孩子常常讓我看到他們三個人的影子，而陪伴這類型孩子的方法也就這樣逐漸形成。

對於擁有這種特質的孩子，首先要想想，他們到底怎麼了呢？為什麼他們這麼重視結構？為什麼他們有這樣的數學能力？為什麼他們對於繪畫常常會感到反感？為什麼他們有時會在班級中讓老師感到煩惱呢？當我們了解他們特質背後的可能因素，我們或許就能夠放寬心一點，知道如何與這樣的孩子共處了。

我認為，這樣的孩子就像是一位小小科學家，他們對於研究所需的理性與結構、邏輯早早就發展出來，因此他們的心中很強調著真實，他們喜歡研究生活中的大小事物，或是按照一定的規則按表操課，並且不太喜歡無法預料的人大變動。因此，請爸爸媽媽一起來想想看：

你的孩子很講求事物的規則嗎？

比如他會很專心的按照說明書把積木給組裝起來，但是他不太願意自己想如何組裝。他會把自己的東西按照自己的規則擺放清楚，如果可以畫格線他更高興，但是他也明顯不喜歡變動，當東西被調換位子時會引起他一些情緒。

他只是會算數學嗎？

有些家長會藉由早一點學習九九乘法表以及勤做練習題的方式，希望讓孩子對於數字產生興趣，但是真正的才能我覺得不是只有算數學這麼樣簡單，對於這類型的孩子我通常是以口述應用題的方式去問他們，這除了需要對數字與計算方式的了解之外，還要包含聽到內容的理解與判斷，他們必須聽得懂我在問什麼才能夠去想出答案，這是一種培養思考過程的訓練，而不單單只是一個「算」的過程。

我：「你知道如果一台公車上面有23條腿的時候，上面有多少人嗎？」

孩子想了想跟我抗議：「算不出來，不會有23條腿，沒有人只有一隻腳。」

我笑著跟他說：「也許有一個人只有一條腿，這比較有可能，因為比較難有三條腿的人，這樣就會有答案了。」

孩子點了點頭，想了一下說：「12個人。」

「那如果有44條腿呢？」我又接著問孩子，孩子想了一下就說：「22個人！」

「那31條腿呢？」

「我知道，16個人。」

回顧過往我們學習數學的經驗，有時並不是自己不會計算應用題，而是看不懂或是根本搞錯了題目的意思，常常就這樣吃了悶虧，我們可以從這個經驗知道，數學好不好有些時候真的不是計算能力的問題，對於語文與描述的理解也非常重要。當我用口語問孩子問題時，事實上就是在考驗著孩子的語文理解能力與如何思考題目和計算的能力，這並非是靠練習就有辦法達到的。

我家寶貝是藝術家

過去我也曾遇見一位孩子，在大班的那一年他就已經可以畫出圓山大飯店，包含上面的磚瓦、雕刻都栩栩如生，他喜歡畫旗幟飄揚的感覺，會畫出立體的圖案。更讓我感佩的是，有一天看他在一旁畫了很久，等他畫完之後拿過來給我看時，才發現原來畫的是一張太空梭升空的分鏡圖，從太空梭在停機坪到緩緩被拉出，並且架上了發射台，最後升空，一連串的畫面就像是漫畫一樣呈現在單一的畫紙上，看見他自信的微笑，就能發現這樣的能力真的是老天爺給他的天賦。

我也遇見過在仔細聆聽音樂後，能夠把第一次聽見的曲子完整哼出來的孩子，他天生對樂器有特別的喜好；也見過能把身邊所有物體都變成美麗平面或立體作品的孩子，甚至只要小花在他手上，就能夠馬上變成一個漂亮的花戒指；也有孩子喜歡與習慣表現身體的各種動作，當他在跳舞時整人都會變得與眾不同。

但是在美好能力的背後，孩子仍然有需要學習的事情，像是一些孩子有比較強烈的情緒反應，遇到挫折的時候可能會大聲哭鬧、僵持不下，甚至是出手打人與在地上掙扎吼叫，我們卻難以幫助他把情緒用更好的方式來表現。那麼，這些像是藝術家的孩子，會有什麼特徵呢？

他們對於有興趣的藝術類型會特別的敏銳，也會很快上手嗎？

這類型的孩子他們對於音樂、視覺藝術、舞蹈等不同藝術形式上的能力都很早就開始嶄露，像是可能在襁褓時聽到音樂就會停下來，或是給予一枝筆就有辦法讓他專注地停留很久，他們也會關注到周圍環境的變化，並且敏銳的表達出來。

這些能力不需要教導，孩子就會了嗎？

像是對於事物的觀察、描繪，有些孩子或許需要去上美術班、音樂班、舞蹈班才有辦法學習到，但是有天賦的孩子他能夠藉由觀察去發現如何達到他們想要的目標，學習之於他們來說並不算是教，而是更進一步的引導他們從環境中去引出內心的能力。

正視孩子的獨一無二、與眾不同

我們也許很早就看到孩子的能力，但是對於這些擁有明顯天賦的孩子，伴隨的往往是他們的情緒問題，就好像是一台超級跑車的引擎放在一台小客車的車殼裡，那種不協調感對於孩子來說是非常大的挫折，手無法從心的無力感也讓他們對於生活充滿了負面情緒，甚至是與能力不若自己的同儕、家長相處都會是一個很大的問題。

每當我跟其他在當老師的朋友們討論時，我們都會發現一個問題，就是媽媽往往是教養這類型孩子最辛苦的人，而我也要在這裡跟面對這些困難的媽媽說：

「孩子並不是有問題的，他們只是需要學習如何運用天賦滿滿的身體。」

媽媽懷胎十個月，從身體中誕生出眼前的這位孩子，加上大多數時間主要照顧者又是媽媽，對媽媽來說所擁有的壓力是難以言喻的。加上一個常見的奇妙情形，就是這類型的孩子常常讓媽媽找不到相處的方法，而爸爸卻往往能夠簡單讓他聽話，這使得媽媽在教養上的無力感會更為嚴重。到底是不是自己的教養方式有問題，或是自己的孕期有什麼樣的影響，甚至是不是自己根本不適合當一位母親，種種的壓力都會壓在母親的身上。但是事實上，媽媽們可以先安心，不是妳們做錯了什麼，而是妳們給予孩子一個很棒的身體，現在我們需要陪伴他繼續與自己做朋友。

同樣也要告訴爸爸們，也許我們覺得很簡單的處理方式，卻也會成為媽媽壓力的來源，我們要成為媽媽背後的支持，並且共同去形塑出一個家庭的良好互動，一個好的家庭關係就這樣形成，如果缺少了任何一份力量，對於家庭來說都是不足夠的。

情緒控制與面對挫折

既然知道了科學家與藝術家孩子的特質，我們要怎麼幫助孩子，幫助家庭呢？首先，我們要了解對於這類型的孩子而言，情緒控制是他們要學習的重要課題。那麼怎麼樣面對情緒呢？或許我們會因為擔心不知道該怎麼處理，而讓他沒有時間與機會好好經歷一個完整的情緒變化過程，甚至我們可能會刻意不讓他面對挫折，但事實上情緒控管本身是需要經過練習的，他要經歷過這些情緒並且產生一些經驗，才有辦法幫助他在下次面對類似情境時找到好的處理方式。

但是，如果每次都碰到大關卡才想要去處理，有時會因為情緒來得太急、太大而讓他無法很快地做好調適，或是會引起大人自身的情緒導致彼此之間的衝突，這樣的狀況也致使他失去眼前事情的焦點，而我們也很難掌控可能發生的後果。

因此我經常告訴家長，如果知道他在意的「點」是什麼，那我們要做的不是避開那些點，而是在許可的範圍下讓他經歷那些「點」，這個許可包含了空間、時間，還有我們的心力，當這些都存在時，我們就可以陪伴他一起去體驗這些問題與衍生的情緒，然後幫助他一同面對，當他能夠一次次克服困難與挫折時，他就會擁有很多不同的方法可以運用，我們要做的就是在旁給予他安全感，並同理、鼓勵他面對這些困難。

我們可以想一想，哪些話在這個時候使用是鼓勵、同理？哪些話會成為酸言酸語？這時只要我們能夠避免，孩子就能夠在安全的情境下去學習與自己的情緒做好朋友。

陪伴他做更好的選擇

一天，孩子的媽媽問我說，每次要孩子畫畫時他都會在地上打滾半個小時不起來，對於眼前這位精明的孩子，我知道他很會計算數學，也很了解自己的需要，自制力也很好，對於畫畫要打滾半個小時的事情，也許他可以有更好的選擇。

「聽起來你真的很不喜歡畫畫啊！」我對站在媽媽前面的孩子這樣問。

他因為聽到像是在說自己的不好而有點防備，而把臉稍微抬高：「對啊！」

「我想你可以有更好的選擇，你要聽看看嗎？」

孩子點點頭，我便跟他說：「如果你在地上打滾半個小時，那這半小時好像事情都沒有做到，你生氣完還是要把東西給畫好，這樣子會不會有一些時間被浪費掉了，而且問題也有沒有解決？」孩子點了點頭。

「如果你試著一分鐘畫一張，你30分鐘的時間就已經畫好30張了，那這樣你就不用在地上花30分鐘抗議，然後你又可以把問題給解決了，你說這樣是不是一個方法呢？」

孩子想了想跟我說：「但是我沒有辦法一分鐘畫一張啊！」

我笑著跟孩子說：「我那只是一個比喻，但是也許我們真的可以試看看你一張到底要畫多久才能夠完成，那我們就可以來想想之後要怎麼解決這個問題。」

後來我們一同發現，一張畫大概只要花15分鐘就可以完成了，而且除了畫畫之外還可以用剪貼的方式來完成，方法一多問題就容易迎刃而解了。

人生中很多事情都需要下決定，但是有時我們會因為沒有足夠的人生經驗而下錯決定，有時情緒會跑在理智之前讓我們迷失了解決事情的方向。如果孩子像是一條即將開往大海的人生小船，那我們就應該成為一個好的引路人，像燈塔一樣告訴他眼前的礁石，卻不會爬上他的船直接幫他掌舵，他應該要學習更好的解決方法，還有他也應該要為自己的選擇負責任。

所以，我們可以跟孩子說：「我們一起來想一想有沒有什麼辦法可以解決這個問題。」或是「我們也許可以有更好的選擇。」我們將他眼前要選擇的事情與附帶的後果一一展現，然後讓他去比較哪一個是比較聰明的方法，如果他還需要一點時間準備，那我們就陪伴著他一起面對與學習。

學習選擇並不容易，我們也是經歷過很多的人生經驗，才有辦法試著學會做出更好的選擇，也許有時會因為害怕他受傷而必須讓他無法有所選擇，但若可以，多嘗試把選擇的權利交還給孩子吧！然後試著跟他討論哪些選擇會不會更好，讓他能夠思考，能夠做出更詳細且完善的規劃。

所以，試著陪伴他一起面對困難，然後想想有沒有更好的規劃吧！

傾聽、鼓勵、同理心，然後放心

對於這類型的孩子，他們自己往往也面對很多生命中的衝突，同儕關係、自己的不平衡、情緒上的困擾等，他們了解自己現在所碰到的困難，但是依照一個孩子現有的經驗，他很難從暴風雨中乘風破浪而出。

我們與孩子的關係既像是在競爭，也像是彼此的依賴與扶持，孩子有時候就像是我們人生中的一個同伴，有時需要的就是我們同理、傾聽他的想法，像是一位朋友一般的陪他打鬧，在他面對困難時給予他鼓勵，即便我們知道有些事情對他來說駕輕就熟，我們也需要給予他支持，因為做得再好也都會希望能夠被了解，而鼓勵本身就呈現了解、接納與肯定還有滿滿的愛，當我們在每一段時間都給予他滿滿的愛時，他面對眼前的挑戰就會有更多的能量去克服。

請放心讓孩子去體驗很多的事情，也許他們碰到困難時會被情緒綁住，也許他們有些時候要在旁等待很久才會調適完成。但是人生就像是心電圖一樣本來就會起起落落，孩子跌倒了、學會了之後說不定就可以少跌倒一次，現在有我們幫他，之後他就要自己面對人生的高低起伏，而心電圖的高高低低也像是在告訴我們：只要還活著，生命過程中就會有高有低。

當我們都了解這些方法之後，還要告訴自己不要幫孩子找藉口，他可以因為他的特質而比較容易有情緒，但是打人、刻意破壞、口出惡言等都是不被允許的，因為當他進入社會時，這也同樣是他需要學習的課題。所以，不用幫孩子找藉口，讓他自己負責任也面對問題，當他們能夠為自己負責，就會知道做什麼樣的選擇會更好，之後碰到的挫折也就會更少。因此千萬不要幫他找藉口，就讓他真誠的去面對每一份挑戰吧！

如何帶領孩子面對分離焦慮

烏雲遮蓋了天，
在開始變冷的季節裡，
陽光從雲層中掙脫出來；
雲隙光掙開了黑夜，撒向大地。
孩子哭了，眼淚慢慢的從眼角流下，
相較於別人的嚎啕大哭，
她只是鼻子紅紅，嘴角往下，眼淚慢慢滑過眼角，
「怎麼了？」五色鳥問，他從雲層中飛了下來。
「我……好想……我……好……」
孩子的眼淚代表了好多好多的想念，
孩子的眼淚代表了好多好多的愛，
愛與想念是相同的，一個是因，一個是果。

「雲照亮了大地，在我們哭泣時我們也學會好多東西，
因為有愛所以有想念所以有眼淚，然後妳會知道妳自己很在意，
相信對方也知道的，然後眼淚就成為知道愛的印記，

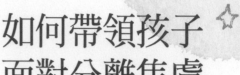

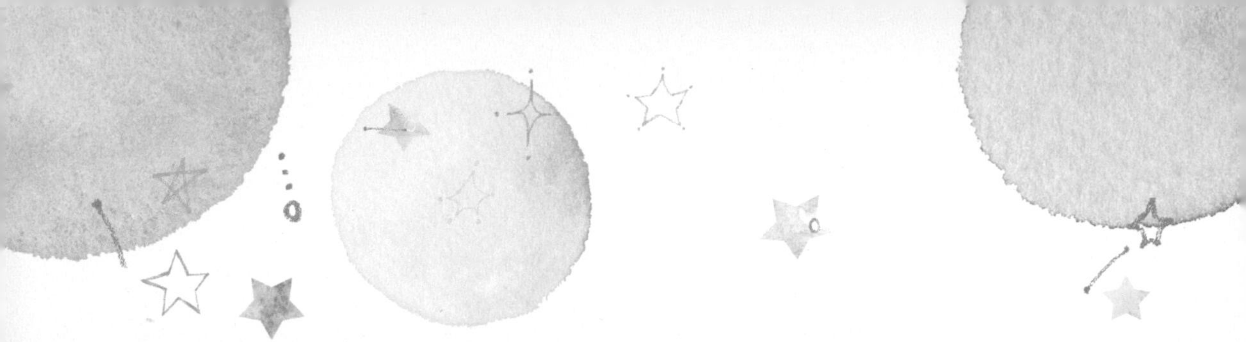

我們繼續努力，把愛放在心裡，把愛放在每一個樹洞裡。」
五色鳥輕拍翅膀說著，
五色鳥把孩子放在樹洞裡，
把抓到的食物送給在樹洞裡等待的孩子。
「我還是很想呢？」孩子眼淚落了下來，
她沒有嚎啕大哭，但是她的每一滴眼淚都充滿了力量，
「那就讓想念回到愛，見面時就有好多好多的愛，離別時讓
愛成為妳好大的力量，離別的是外型，但是記在心裡的是滿
滿的溫度。」
太陽從烏雲當中撒向大地，
好像一道道的天梯，好像一分分溫暖的想念，
因為有關係，所以彼此有愛也會有離別的眼淚，
相信放在心中最重要的力量，
像是雲隙光，照亮濕冷的夜晚。

和孩子一起理解，因為分離而難過，這就是愛

當我們要把孩子送去幼兒園時，要怎麼面對孩子的分離焦慮呢？

每當開學的日子到來，總是少不了哭哭啼啼的孩子，有些甚至在地上打滾或是哭到嘔吐，這時一些家長會於心不忍，不斷在想自己是不是太早把孩子送到幼兒園受苦，內心也會想這樣的過程是不是會對孩子造成創傷，自己也因此感覺到不安，認為自己是不是做得不夠好，或是讓孩子感覺不到足夠的愛。另一方面，有一些家長對於孩子的哭鬧會很反感，每天上學都好像磨難，又好像在打仗，期待著趕快把這件事情結束，這樣自己上班才不會遲到。

我也遇過另一類型的家長，從孩子上幼兒園開始就進入園所班級，最初在老師需要幫忙時給予很多的協助，後來就像是扎根般時不時進到園內要幫忙，這對於班級與老師來說也會成為很大的困擾，班上像是多了一雙手，卻不能夠完全幫上忙，因為他會被自己的孩子給困住，要離開時孩子反而哭得更加嚴重。

成長的過程就是不斷在體驗分離，就好像孩子從母體中取出時的啼哭一般，也許他在難過著自己要與相處十個月的家分開了。從孩子呱呱墜地開始，哭泣本身就是一個很重要的語言，在還不會說話的時候，孩子以哭泣來表達自己的感受，希望大人注意到他

的需要，尤其是當他開始會認人時，哭泣本身更是對大人有所需求時的表現手法。在依附理論中有不同的依附類型，有安全型、矛盾型、抗拒型、逃避型等，但是以生物學的理論來說，與他人建立關係是生存很重要的要素，這是對於幼年期，無能力照顧自己的孩子可以保護自身的方法，也因此分離對於他們來說會有如此大的悲傷。

我常常認為：

分離的難過本身就是一種「愛」，
也因此離別的時間總是會有很多淚水，
但是哭泣本身，不就是為了感覺到身邊重要的愛暫時不在了才哭的嗎？
因為愛，所以分別時會感覺到難過而哭泣，
當我們越來越習慣和知道，
即使沒有看到所愛的人事物，他仍然會存在時，
那就會收起眼淚，
因為給一份思念的愛一個位置就不用再為他感到哭泣，
因為愛，所以感受到難過，
也因為愛，我們也會得到力量。

如果把愛當作是一段學習的旅程，
那我要把重要的人事物放在心裡，
把每一份溫暖的關心和關係放在心裡，
即使哭泣，也是成長的開始。
每一段的旅程都有我們和孩子需要學習的事情，
如果抱得動，我會一直這樣抱下去的。

當有這樣的概念之後，希望你能以不同的觀點來看待哭泣這件事，以及在分離時彼此的拉扯，接下來我們就可以用一些方法來幫助孩子趕快度過自己的分離焦慮了。

帶著孩子了解「分離」

首先，第一個方法是事前預告，像是會分開多久、他需要做些什麼，在這段時間爸爸媽媽又在做什麼，如果他想我們的時候，他可以用什麼方法來跟我們連絡等；還有他要去的地方是什麼樣子，他會碰到什麼人，甚至是帶著他親自跑一趟、模擬一趟都是學習的好方法。當我們先打預防針時也會讓孩子有了基本的認知，雖然知道和理解還有一段不短的距離，但是部分孩子只要經過預告，通常都能夠了解並且克服自己的情緒，因此即便我們覺得他可能無法完全了解，也千萬不可以忘記事前說明的效果。

同理與鼓勵，讓孩子安心

第二個方法是同理與鼓勵孩子的情緒，或許有些人會覺得分離就是成長的過程，不需要特別鼓勵他，或是用糖果餅乾買玩具等方式來獎勵孩子，但事實上這兩種方式都有各自的問題，如果這時沒有同理與鼓勵，雖然孩子最後仍然會度過，但是可能會讓某些孩子伴隨不安與沒有安全感等情緒的問題；而獎勵的方式則容易讓孩子依賴獎勵品，有時甚至可能會讓孩子的情緒反應延宕更久。一起來想想，如果我們不哭就會有糖果和玩具，那麼你會不會用哭的方式來讓爸爸媽媽持續給你想要的東西呢？所以有時反而因此弄巧成拙。

那要如何同理孩子的情緒呢？

當孩子因為要上學有情緒時，我們可以針對孩子的情緒給予適當的反應，像是「看來你真的很不想上學，你很想要留在我的身邊。」、「我發現要去學校這個你不知道地方，你有些緊張。」、「你會哭得這麼傷心，是因為你真的很不想要上學，媽媽有感覺到，其實我也跟你一樣有些緊張。」我們在這時可以描述孩子的情緒，一方面可以讓孩子知道我們了解他的感受，一方面也可以協助他整理自己的情緒。

在同理後，可以試著和孩子討論他擔心的原因，並且與他一起想想辦法。這時要記得，我們是跟孩子站在同一陣線，陪伴他去思考可以怎麼樣做比較好，比如說他覺得沒有看到會想念，那是不是可以讓他帶一張家庭的照片，或是先跟老師溝通好之後，讓他帶一個自己喜歡與熟悉的玩偶去，我們可以陪著他一同挑選，最後跟著他把東西收好並帶到學校，要離開時再提醒他一次，這件共同準備的物品可以代替我們陪伴他。這不同於說理，因為說理只是在跟他表述我們大人的感受，並沒有同理孩子的感受，這樣的狀況根本難以進入到他的心裡，自然也就無法達到效果。

當孩子開始嘗試接受分離以前，我們可以鼓勵孩子小小的努力和進步，進而表達我們的感謝，以此來強化他的內心。比如說：「我看到你雖然有些難過，但你還是願意聽我說，謝謝你。」、「你今天比昨天早一點點讓我可以先去工作，謝謝你的努力。」、「我聽到老師說你昨天在我離開之後就沒有再繼續哭了，甚至還幫忙照顧其他的小朋友，你真的長大了！」、「謝謝你讓我可以準時去上班！」即使眼前的孩子一把鼻涕一把眼淚，甚至是大聲的哭著，我們還是可以鼓勵著他是不是哭得小聲了一點，是不是動作小了一點，或者是不是在早上掙扎的時間少了一點。這些進步或許都很微小，但是從小地方就注意到了，甚至就被鼓勵給支撐住了，對於之後克服分離焦慮上會更有力量。

就好像北風與太陽的故事一般，強烈的北風只會讓人把衣服越加越多，溫暖的太陽反而讓人把衣服脫下來，溫暖的同理與鼓勵就像是太陽，讓人卸下緊張面對挑戰。

我們不可能一輩子牽著他的手

第三個方法是斷然的放手，什麼是斷然的放手呢？很多時候讓現場老師感到困擾的並不是孩子的情緒，而是當大人也有情緒時難以處理的狀況，這時彼此的情緒就變得互相依賴，甚至有時候孩子只是反應出大人的焦慮，大人不焦慮時孩子就沒有問題，這時的彼此依賴會讓雙方都無法獨立，但是孩子有孩子需要面對的問題，大人也有大人需要面對的問題，兩人都共同有需要獨立成長的機會，如果這時大人無法斷然放手，就會讓孩子也學會了依賴，老師就會像是要拆散兩人的壞人，讓這個成長的道路變得更加曲折。

每天早上在幼兒園時還經常遇到一個現象，就是老師好不容易從爸媽手上接過了孩子，結果不一會兒不放心孩子的父母又折回來，當孩子一看到爸媽後又馬上大哭。

每個人面對分離的承受度與所需時間並不相同，如果真的不知道什麼時候是可以斷然放手的時機，可以先與幼兒園老師討論，試著了解孩子在我們離開後的反應，他哭了多久、之後他做了什麼、老師是否有感覺到壓力等；我們也可以看看孩子在看到我們之後的反應，像是笑笑的迎接我們，或是靜靜地坐在一旁等待，以及孩子回家後的反應等。這些觀察項目都可以讓我們「自己」更為放心，也了解到孩子在適應的狀況。

對於有經驗的老師而言，他們可以從孩子的哭泣、分離時的情緒強度，以及在上學期間的反應來判斷孩子目前的狀態，也因此這時我們應該與老師密切配合，當老師希望你把孩子交給他，並且跟孩子說再見後離開，這代表著他有信心去面對孩子之後的情緒，並且陪伴他成長，這時一位能夠支持老師的家長，自然會讓老師在梳理孩子的情緒時更無後顧之憂，也更能夠幫助孩子學會分離的課題。

每一位孩子都有個別差異，有自己的氣質，自己判斷世界的方法，自己表達情緒的方法，每一個人都不同，也因此形成了形形色色不同的樣貌。了解孩子、同理孩子並陪伴他一同面對困難，然後也陪伴著他一同成長，這沒有所謂一定是對的方式，但是有愛，很多問題都能夠慢慢克服。

在面對分離時難免會有眼淚，這是連人人都很難克服的課題，如果孩子的哭泣代表的是愛而不是爭奪權力和取得關注，那就細心的呵護和給予同等的愛吧！每一份得到的愛都會成為我們的力量，讓我們面對成長、面對孤單、面對難關，只要把愛放在心裡就會成為我們的力量，而我們也會變得勇敢和堅強！

一同航向未知

小浣熊出航去冒險

在炙熱的太陽也慢慢下山的午後，
小浣熊準備出去冒險，
小浣熊揚起了拼湊起來的帆，
那是好多愛與關心所組合起來，
一針一線慢慢縫製起來的帆，
那有著祝福、有著關心。

飛魚飛起來了，
跟著小浣熊的步伐前進，
一邊在耳邊細細叮嚀。

浣熊要出去冒險了，
每一字一句的叮嚀話語，
都有帶著愛與關心的重量，
讓小浣熊帶著一起出發，
祝福他一切平安，
祝福他一切順心。

風輕輕地推動著小船，
小浣熊為了夢想出發冒險，
因為有愛，他有滿滿的勇氣。

小浣熊度過了一個平安的夜晚，
雖然有些想念，雖然有些緊張，
但是在滿天星斗的海浪輕輕拍打下，
小浣熊慢慢地閉上眼睛。

當太陽悄悄的露出了魚肚白，
當星星準備將天空交還給白晝時，
一群小浣熊不認識的海豚悄然而至，
他們靜靜地靠近，
慢慢的在小浣熊身邊游動著，
小浣熊起床了，看著眼前這一群海豚，
想念順著水滴在海面上造成了一片片小小的漣漪。

「怎麼了？」一隻海豚抬頭問小浣熊，
小浣熊有些害羞地說著：「我突然想到我認識的那群海豚，想念陸地，想念我

愛的家，那有我熟悉的味道，我也認識一群海豚，他們跟你們很像，有很像的顏色，很像的聲音，很像的味道。」

「如果你願意，我也可以成為你認識，你熟悉的那一隻海豚，我們也都願意成為你熟悉的那一群海豚，不論顏色、不論外型，即使我們有好多的不同，但是只要願意，我們的心都可以好貼近。」

海豚輕輕地說著，
陽光灑向海面，遠方有隻海豚跳了起來。

小浣熊在尋找著自己的夢想，
今天他知道，打開心可以得到好多好多的愛，
不論顏色、不論外型、不論有多大的不同，
愛都相同。

海水輕輕拍打著小船，小浣熊的旅程不會孤單。
好多的日出日落，好多有著美麗星星的夜晚。

中午，
浣熊看到水裡出現了一大片的星星，
一大片閃亮耀眼的星星。
「你……你好……」
浣熊羞澀的打了招呼。

鯨鯊慢慢地探出頭來，
帶來了好多泡泡，
滿天星斗的身體，
小小的眼睛看著浣熊，
當陽光照亮了海底，

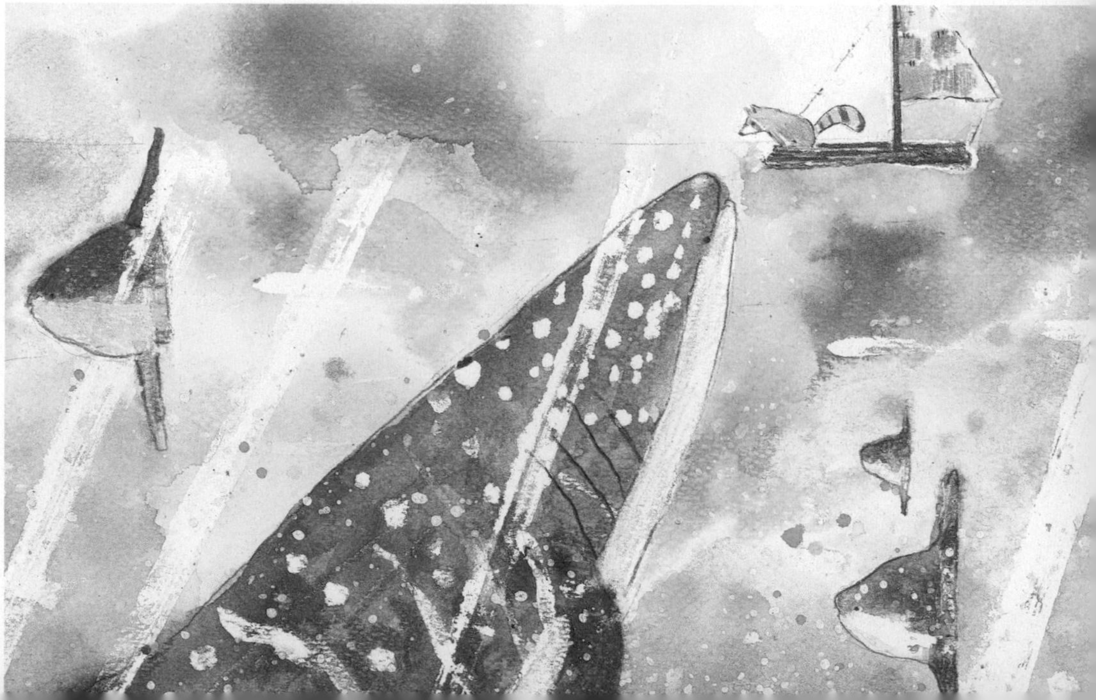

「你幾歲了呢？我想應該很大很大吧！不像我小小的，
不像你這樣的亮眼！我只有小小的手，小小的尾巴。」
浣熊用手輕輕碰了鯨鯊身上的星星，
那是一顆跟他手掌一樣大的星星。

「我們都有著美麗的生命故事，不管大，不管小，
就像是海浪，有起有伏，我們都是自己生命故事的主人，
每一份相遇都有它的意義，我們學會了，我們的故事就更精采了。」

浣熊趴在小船上聽著，
他相信每一份相遇都有他背後的意義，
浣熊想他又多了一點勇敢，
在他的生命故事裡，他又學習到一頁新的功課，
接下來，他要繼續冒險了。

每一個孩子都是即將出航的小浣熊

小浣熊系列是我仍然在緩慢創作的作品，在我與孩子們的相處過程中，感受到孩子就好像是故事中即將出航的小浣熊，當他們從母體離開之後，就開始了辛苦的人生旅程，在這段道路中會有一大段的時間需要我們的陪伴、傾聽、同理，還有滿滿的愛，這都是在成長路上不可或缺的元素。

很多的教養書籍中都會提到，用哪些方法就可以讓孩子不哭、不吵、不鬧，甚至可以讓孩子變得資優，這並非就是不好，但是事實上很多時候孩子希望的，只是我們可以讓他維持原本的樣子，有時我們強加在他身上的要求，都只是大人想要塑造出理想的孩子的模樣，而這並非是孩子真正的樣貌。

在我與孩子的相處中，只有在教導生活習慣時，我會是較為嚴謹的老師，因為我會希望孩子們能夠把一些生活常規建立起來，像是：孩子學習著等待大人、能夠專注聆聽別人正在說的話，也有可能是讓孩子吃飯時能夠專心，不用讓家長餵他吃東西等。但是每一位孩子需要給予的成長目標都不盡相同，而每一位孩子需要的教學方法更是不同，即便部分家長或許不在意這些細節，但是我希望孩子可以從這些小細節的建立，在之後成長的道路上減少很多與人相處時會遇到的挫折，甚至是可以了解自己應該、能夠做些什麼樣的事情。

有時在餐廳吃飯，我常看到爸爸媽媽自己顧著吃飯、聊天，然後就把一台手機或平板丟給孩子，讓孩子一邊吃飯一邊配著卡通，孩子或許可以安靜的吃完整碗飯，但是他不會知道自己吃了什麼，他也不知道原來吃飯時，應該要專注於餐桌而不是眼前的手機或平板。或許在我們碰到聚會時，會遇到別人誇獎這樣的孩子「乖巧」、「安靜」，但是很多場合卻是不適合一邊吃飯一邊給他看手機的，當面臨這樣的狀況，孩子容易吵鬧、和我們爭執，導致最後兩人撕破臉，因此前述這樣獲得的「乖巧、安靜」是真正的乖巧、安靜嗎？於是看見這樣的狀況時，我也只能夠無奈的笑一笑，因為縱容之後，真正要承擔後果的會是孩子，還有面臨各種衝突的家長。

孩子在人生的旅途中，還會碰到很多不同的困難，有時我們會擔心早年經驗對於孩子的影響，所以會綁手綁腳的不知道自己可以做些什麼，但是事實上只要以愛為基礎，帶著耐心去陪伴、教導、引領孩子，那麼很多的困難都能夠隨著時間和經驗的累積，逐漸迎刃而解，而孩子也將揚帆，展開屬於自己人生旅程的精彩冒險。

國家圖書館出版品預行編目資料

我不是故意的!爸爸媽媽請耐心教我：理解小小孩的各種情緒,跟著小傑老師一起看見每個孩子最與眾不同的本質!/趙啟傑著. -- 二版. -- 新北市：雅書堂文化事業有限公司, 2021.06
面；　公分. --(成長樂教；01)
ISBN 978-986-302-588-7(平裝)

1.親職教育 2.子女教育

528.2　　110006346

成長樂教 01

我不是故意的！
爸爸媽媽請耐心教我

害羞、生氣、難過、頑皮、安靜、愛玩……
理解小小孩的各種情緒，
跟著小傑老師一起看見每個孩子最與眾不同的本質！

作　　者／趙啟傑
發 行 人／詹慶和
執行編輯／白宜平・蔡毓玲
編　　輯／劉蕙寧・黃璟安・陳姿伶
執行美術／周盈汝
美術編輯／陳麗娜・韓欣恬
出 版 者／雅書堂文化事業有限公司
郵政劃撥帳號／18225950
戶　　名／雅書堂文化事業有限公司
地　　址／新北市板橋區板新路206號3樓
電子信箱／elegant.books@msa.hinet.net
電　　話／(02)8952-4078
傳　　真／(02)8952-4084

2021年06月 二版一刷　定價420元

總經銷／易可數位行銷股份有限公司
地址／新北市新店區寶橋路235巷6弄3號5樓
電話／(02)8911-0825　傳真／(02)8911-0801